L'ARMÉE D'INVASION

ET

LA POPULATION.

L'ARMÉE D'INVASION

ET

LA POPULATION.

LEURS RAPPORTS PENDANT LA GUERRE

ÉTUDIÉS

AU POINT DE VUE DU DROIT DES GENS NATUREL.

PAR

PLATON DE WAXEL.

LEIPZIG,

JOH. WILH. KRUEGER.

1874.

Introduction.

Aussitôt qu'un peuple sort de l'isolement et entre en rapport avec un ou plusieurs autres peuples, surgissent une foule de difficultés qui ont trait à l'autonomie de chacun d'entre eux et à leur coexistence l'un à côté de l'autre. Ces difficultés peuvent concerner dans leurs rapports réciproques aussi bien les états et leurs gouvernements que les simples particuliers et les associations qui y vivent. Les conditions de ces rapports extérieurs des peuples doivent être réglées par le droit des gens.

Le droit des gens n'est cependant pas une législation promulguée. Il n'existe pas d'autorité qui ait le pouvoir de le faire. L'autorité du droit des gens réside dans son urgence, dans la force de l'opinion publique et même quelque peu dans l'antagonisme qui oppose les nations les unes aux autres. On ne manquera jamais de relever une violation du droit des gens commise par son voisin.

Nous voyons donc que, dans la pratique, le droit des gens coïncide avec l'établissement des rapports internationaux. Mais ce droit des gens instinctif, si l'on peut s'exprimer ainsi, se fait jour difficilement dans le milieu barbare et plein de préjugés des premières époques historiques. Ce n'est que quand la science se saisit de lui, que se dégagent les vrais principes sur lesquels il repose; et même alors les progrès de la science ne passent point entièrement dans la pratique. La pratique et la théorie continuent à marcher parallèlement, sans se confondre, quoique, heureusement, la science exerce de plus en plus sur la pratique son action bienfaisante. A défaut d'un pouvoir législateur international, nous réclamons pour la science une autorité morale au-dessus de celle de la pratique. La science marche en effet dans la voie du progrès d'un pas plus ferme que la pratique, plus sujette à se laisser égarer par les intérêts et les passions humaines. C'est à la science que nous devons principalement les résultats, souvent si rapprochés de la vérité, auxquels certaines parties des rapports internationaux ont aboutis. Pour s'en convaincre, il suffit de se souvenir de l'adoucissement apporté à la pratique de la guerre, de la liberté des mers, des droits des neutres, des droits des étrangers domiciliés, etc.

Certains publicistes refusent à la science cette autorité supérieure. Ils auraient raison, si le droit international coutumier et conventionnel avait acquis une autorité légale généralement admise[1]). Le principe vrai moralement resterait toujours au-dessus d'une mauvaise loi; mais celle-ci étant promulguée, devrait être réspectée jusqu'au moment de sa modification ou de sa suppression légale. Il n'en est pas de même dans le droit international: il n'y a pas de code international reconnu; toute la législation internationale positive se réduit à des conventions obligatoires pour les parties contractantes seulement et à des coutumes variables qui, dans un moment donné, sont plus ou moins acceptées par les États civilisés. On admet aussi quelquefois comme base du droit des gens les principes qui sont souvent revenus les mêmes dans les conventions reconnues par un certain nombre d'États. Toute cette législation quasi-positive, quelque soient ses heureux résultats, n'est pas telle qu'elle puisse être placée à côté des législations intérieures des États[2]), et cela par les raisons suivantes:

------

1) Les grandes puissances se sont engagées au congrès d'Aix-la-Chapelle, par la déclaration du 15 novembre 1818, à observer strictement les principes du droit des gens. Mais ils ne les ont pas rédigés, et la coutume variable et incertaine est restée comme auparavant le seul élément universellement obligatoire du droit international positif.

2) Aux lois civiles qui régissent un État, les positivistes opposent volontiers les traités comme leur équivalent pour les peuples. Mais la

1) la législation internationale écrite n'est que fragmentaire;

2) elle est loin d'être sur tous les points considérée comme obligatoire par toutes les nations, et si elle l'est, ce n'est que dans ses parties les moins importantes (les usages diplomatiques et de courtoisie, par exemple);

3) elle n'a pas de sanction: il n'y a aucun pouvoir judiciaire qui puisse juger les différends internationaux et aucun pouvoir exécutif qui en fasse exécuter les sentences.

Malgré les publicistes, dont nous venons de parler, l'autorité de la science en matière de droit des gens commence à être reconnue même par les États. On a souvent recours à son autorité pour appuyer son droit et deux grandes puissances viennent d'éviter un conflit, qui menaçait de devenir terrible, en soumettant leur différent à l'arbitrage d'une société de savants [3]). Et c'est ainsi que cela doit être. Puisque dans la pratique internationale il n'y a que la coutume qui représente la législation positive générale, il faut une autorité qui lui serve de phare et de guide. La coutume n'étant pas la cause du droit, mais seulement l'expression d'un droit inné, jusque là non exprimé, ne peut avoir force de loi qu'en tant qu'elle est d'accord avec le bon droit, la morale et la raison [4]). Les coutumes ne sont pas bonnes par le simple fait qu'elles existent. Elles ne doivent au contraire être sanctionnées que lorsqu'elles se trouvent équitables. Et quelle autre autorité que celle de la science est compétente pour cette sanction de la coutume?

Cette autorité morale de la science constitue un des principaux avantages du droit international sur les législations posi-

---

différence est fondamentale: un État est un tout autonome et la loi est obligatoire pour l'État entier; le champs de la compétence du droit international est la communauté de toutes les nations qui entretiennent des rapports mutuels. Or, il n'y a pas de traité qui soit obligatoire pour toute cette communauté; ils ne le sont que pour les parties contractantes. Les traités ne peuvent donc être assimilés qu'aux lois spéciales destinées à une partie de l'État, et là encore l'efficacité en serait toute autre.

3) Bluntschli, Das moderne Völkerrecht, édit. de 1872, §. 489.

4) Ahrens, Naturrecht, §. 39.

tives. Tandis que dans la législation intérieure d'un État, la loi écrite est la seule autorité à laquelle il soit permis d'en appeler, on peut toujours dans le droit international s'appuyer sur celle de la science, dont l'unique préoccupation est de découvrir la vérité.

Nous avons distingué la science de la pratique. La première seule sera l'objet de cet écrit. Notre tâche n'est pas d'examiner ce qui est adopté et reconnu dans la vie internationale, mais ce qui devrait l'être et à quoi il faut tendre. La science a deux parties distinctes: le droit des gens naturel[5]) qui étudie ce qui devrait être, et le droit international positif, qui recherche ce qui est, ce qui est entré dans la pratique par la voie de la coutume et de la convention[6]). Mais cette partie-ci est plutôt du domaine des sciences juridiques que de celui de la philosophie. Ce n'est donc que la première partie, la partie idéale de la science du droit des gens, qui doit nous occuper.

Si le droit international positif a sa source dans la coutume et dans la convention, laquelle souvent est la conséquence de la coutume, il en est autrement du droit des gens naturel, qui doit régler les conditions vitales des rapports internationaux: il ne se guide que par les lois de la raison, de la justice et de la morale. Sa source est le droit naturel et l'éthique.

---

5) Il y a des auteurs (Wheaton, Hautefeuille, Phillimore) qui se servent des deux termes — droit des gens et droit international — comme de deux termes identiques, et préfèrent même le dernier. Mais comme il y a dans notre science une foule de questions qui regardent les nations dans leur existence individuelle, par exemple la doctrine de l'autonomie d'un État, nous croyons le terme de droit international peu applicable au corps entier de la science. Nous préférons celui de droit des gens, c'est à dire droit des nations: le pluriel indique suffisamment qu'il est commun à tous les peuples. Nous appuyons sur le sens littéral du terme et ne le confondons pas avec la signification que lui donnait la partie de la législation romaine connue sous le nom de jus gentium. Quant à droit international, ce terme conviendrait parfaitement pour désigner la partie positive du droit des gens.

6) Déjà au XVIIe siècle, l'Anglais Selden a divisé le droit des gens en droit primitif ou naturel, et en droit secondaire ou positif.

On a mis en question si le droit naturel, qui règle la conduite des individus, peut rester le même ou doit être modifié une fois qu'on l'applique aux nations[7]). Nous croyons que le principe du droit naturel est le même dans les deux cas. Mais les circonstances n'y sont pas toujours identiques; et alors des principes différents s'y appliquent, ou bien le même principe se modifie autant que des conditions nouvelles l'exigent. En voici un exemple. Dans les premiers temps de la vie des peuples, l'individu et l'État jouissent tous deux du même droit de défense personnelle. L'homme devenu sujet ou citoyen, ne peut plus se faire justice soi-même, la loi étant là pour rétablir le droit lésé. Cet homme se trouve donc dans d'autres conditions que l'État, pour lequel sous ce rapport rien n'est changé jusqu'à ce jour. L'application du principe de droit naturel, qui exige que le droit lésé soit rétabli, diffère dans les deux cas, les conditions étant changées.

On a aussi voulu découvrir pour les nations une morale autre que celle qui dirige les actes des individus[8]). Le but de cette morale internationale tenderait à réaliser le bonheur général des hommes. Il est vrai que ce bonheur général des hommes résulterait d'actions conformes au droit et à la morale; mais le but de la morale est en elle-même; elle existe comme une force invariable, avec laquelle les individus aussi bien que les nations doivent faire concorder leurs actions[9]).

Il ne faut pas confondre les sources du droit des gens naturel avec les organes par lesquels il se fait jour: ces organes sont la coutume et la science. Nous avons vu déja le rôle que la coutume joue dans la pratique, et nous croyons avoir démontré combien elle est moins sûre que la science, à laquelle nous l'avons subordonnée.

---

7) Vattel, Le droit des gens, préliminaires, §. 6. Voir contre Pinheiro Ferreira, note à ce même paragraphe. Comparez aussi Klüber, Europäisches Völkerrecht, §. 232.

8) Wheaton, Éléments, Ire partie, ch. I, §. 4, et Histoire, t. I, p. 61.

9) Comparez Pinheiro Ferreira, notes à Vattel, §. 7 des préliminaires, et surtout la note au liv. III, §. 180.

Quelles sont les limites de la science du droit des gens naturel? son domaine comprend-il toutes les relations internationales? Dans la pratique, le droit des gens naturel écarte et prévient les injustices et les iniquités. Mais ici, de même que dans le droit positif en général, tant que l'acte n'est pas injuste, une grande latitude est laissée à la volonté privée. Dans les rapports d'État à État, cette volonté privée se fait généralement jour par des actes plus ou moins officiels, qui font par conséquent partie du droit international positif. Le domaine de celui-ci est donc plus étendu que celui du droit des gens naturel, qui cède ses droits à la pratique, tant que celle-ci ne lèse pas les lois innées de la coexistence des nations et les préceptes de l'humanité et de la morale.

La tâche du droit des gens naturel est donc:

1) déduire de la nature même des faits les lois internationales innées, indispensables [10]);

2) préciser ce qui, dans les rapports internationaux, est abandonné au consentement réciproque des nations et sous quelles conditions leur activité propre reste libre.

Entrons dans quelques développements sur la légitimité de notre subdivision.

Il existe dans les relations internationales des conditions qui ne dépendent pas de la volonté humaine, mais qui sont pour ainsi dire innées, que personne ne peut contester. Tout homme a le droit de vivre, par conséquent de respirer, de manger, de boire. Cela est un droit absolu. Il en est de même d'un État: il a le droit d'exister, et tout ce qui est absolument indispensable à son existence, n'est-il pas au-dessus de la volonté humaine? Cependant les États vivent entre eux dans des rapports continuels et réguliers, dans la nature desquels existent aussi des lois innées, et même sans elles ces rapports deviendraient impossibles [11]). Mais il peut arriver qu'un conflit semble surgir entre les droits

---

10) Montesquieu, De l'esprit des lois, liv. I, ch. 1.

11) C'est là-dessus que se fondent toutes les servitudes, la neutralité de la mer, etc.

de chaque État en particulier et ceux qui leurs sont communs. Mais ces conflits ne peuvent s'élever que dans la pratique, où les passions humaines poussent les sociétés à empiéter sur les droits d'autrui et à dépasser leurs propres droits [12]). Dans la nature des choses et dans la science, qui ne cherche qu'à dégager fidèlement les lois innées, ce conflit ne peut exister, car ces lois naissent de besoins réels et non factices. Il existe toujours une limite où la souveraineté d'un État n'est pas lésée par les conditions indispensables du commerce international. C'est donc au droit des gens naturel à régler ces conditions de l'autonomie des États en regard de la coexistence des nations.

Quant à la seconde tâche du droit des gens naturel, celle de distinguer l'obligatoire du conventionnel, notre science doit se guider par le principe suivant: tout ce qui est indispensable pour la vie individuelle physique et morale des nations et des États est de droit naturel et inné. De même, tout ce qui est indispensable pour le commerce légitime des peuples entre eux est de droit naturel, inné, de force majeure. C'est le principe de l'impérieuse nécessité [13]). L'exemple suivant suffira pour démontrer son efficacité pour le but auquel nous le proposons. Pourquoi la théorie aussi bien que la pratique, après bien des hésitations, finirent elles par reconnaître la liberté des mers? Évidemment, ce principe triompha par la force même des choses, la mer étant indispensable pour le commerce des peuples entre eux. La mer n'étant pas libre, les relations entre bien des peuples seraient paralysées. Ce fait est tellement clair, qu'il a fini par triompher de bien des intérêts et de bien des ambitions. On est arrivé même, toujours de par le principe de

---

12) On s'accorde généralement à donner dans ce cas la première place aux droits de la souveraineté, c'est à dire pour chaque État au droit de sa propre conservation. Voir Heffter, Droit international, §. 26, et surtout les importantes considérations de M. de Mohl, Staatsrecht, Völkerrecht und Politik, t. I, p. 594.

13) „Le Droit suit pas à pas le besoin, l'exigence du cas; il n'en passe point les bornes." Vattel, Droit des gens, liv. III, §. 137.

l'impérieuse nécessité, à reconnaître la liberté de la navigation des fleuves et des détroits. Nous voyons donc, que tout ce qui est indispensable pour le libre commerce des peuples entre eux doit être reconnu comme de droit inné par le droit des gens naturel.

Ce principe trouve son application dans tous les rapports internationaux, aussi bien pendant la paix que pendant la guerre. La guerre elle-même a pour raison d'être l'impérieuse nécessité pour un peuple de faire respecter ses droits par son voisin, puisqu'il n'existe pas de pouvoir qui remplace dans la vie internationale la défense personnelle. Mais l'existence réelle de cette nécessité peut seule rendre la guerre légitime. C'est aussi la nécessité qui indique quels sont les moyens qu'on peut légitimement employer contre l'ennemi; et si l'on est obligé, par égards pour la morale et l'humanité, à renoncer souvent à des engins et à des pratiques utiles, on n'a jamais le droit d'employer plus de moyens de destruction que la stricte nécessité ne l'exige.

De même, pour la forme que la guerre peut revêtir : il faut choisir toujours la forme de guerre le moins destructive possible dans le cas donné; et ce n'est que dans des cas extrêmes de défense de la patrie qu'on a le droit de recourir à la guerre irrégulière. Il faut que la vie ou l'indépendance même de la patrie soit en danger pour que naisse ce droit d'extrême nécessité (Nothstand), droit qui même en temps ordinaires souffre que le simple particulier dépouille ou tue un autre homme.

Avant d'exposer les principes du droit naturel de la guerre, qui doivent régler les rapports de l'armée ennemie avec les habitants du pays qu'elle envahit ou occupe, il sera utile de connaître sur ce point les doctrines des principaux publicistes. Nous allons les étudier.

Chapitre I.

Opinions des principaux publicistes.

Le droit des gens naturel est une conquête de la civilisation moderne. On trouve bien chez les plus grands écrivains de l'antiquité, surtout chez Cicéron, quelques principes justes sur les rapports internationaux. Les jurisconsultes du Moyen-Âge n'expliquaient les questions internationales que d'après le droit canon et le droit romain; et ce n'est qu'au XVIe siècle que l'Espagnol Suarez comprit la différence qui existe entre le droit international conventionnel et le droit naturel. Il ne traita cependant, ainsi qu' Albéric Gentilis et les autres publicistes ses contemporains, que des questions particulières, réservant à un autre la gloire de faire la théorie complète du droit des gens. Nous parlons de Hugo Grotius, qui publia en 1625 le célèbre traité: De jure belli ac pacis.

Tout le monde sait d'où est venue au philosophe hollandais l'idée d'écrire son livre. La part que Grotius lui-même a prise aux événements de son temps est du domaine de l'histoire. Mais pour se rendre compte de la valeur de son livre, il faut se ressouvenir des pratiques barbares alors en usage. Il nous les a rapportées lui-même dans la première moitié du livre III de son traité. En le parcourant on se convaincra que l'opinion générale permettait tout contre l'ennemi [1]). On expliquait le

---

1) Il est curieux qu'un des plus habiles publicistes du XVIIIe siècle, compatriote de Grotius, Bynkershœk (Quaestiones juris publici, 1737), soit pour ainsi dire le théoricien de ce principe barbare qui, du moins chez les bons esprits, avait déjà fait son temps. Il le pousse,

meurtre des femmes et des enfants par le mot de représailles ;
l'incendie par celui de châtiment ; le pillage et la dévastation
semblaient si naturels, que l'on ne se donnait même pas la peine
de les excuser. En un mot, le dit principe autorisait et justi-
fiait toutes les atrocités. Une seule vertu, connue déjà de
Cicéron, n'était pas étrangère au droit de la guerre du temps :
la bonne foi dûe à l'ennemi.

Grotius accepte complètement cette règle, même vis à vis
d'un corsaire [2]), mais il pose une autre règle fondamentale, qui
lui permet de tirer des conséquences plus conformes au vrai
droit naturel. D'abord il ne reconnaît comme guerre légitime,
que la guerre juste, c'est à dire celle qui est faite en faveur
du droit et qui est poursuivie dans la mesure du droit et de
la bonne foi. ,,Elle doit être aussi juste que la sentence d'un
juge" [3]). Mais même dans une guerre juste, tout n'est pas
permis contre l'ennemi. Il n'est permis de le tuer que dans
certaines circonstances ; on ne peut le faire avec préméditation,
que dans deux cas : ou pour sauvegarder sa propre vie et son
avoir, ou bien pour infliger à l'ennemi un châtiment. Quant
à ceux qu'on tuerait par hasard, il faut éviter autant que possible les entreprises qui en offriraient l'occasion. Les enfants,
les femmes, toutes les personnes dont le genre de vie est contraire à la vie militaire — prêtres, agriculteurs, marchands, —
ou bien encore les prisonniers de guerre et ceux qui demandent
la vie ou se rendent sans conditions, il ne faut jamais les tuer.

------

ce principe jusqu'à ses dernières limites. Selon lui on peut tuer un
désarmé, envoyer contre l'ennemi un assassin, l'empoisonner, le réduire
en esclavage, anéantir l'État ennemi et en détruire tous les sujets.
Celui qui ne le fait pas, agit par grandeur d'âme, mais non parce que
le droit le lui défend. Toute espèce de ruse est légitime, excepté la
perfidie. Dans cette exception, il est aussi d'accord avec la pratique
du XVIe et du XVIIe siècles. — Ce que nous venons de dire nous dis-
pensera de revenir sur Bynkershœk dans le courant de ce chapitre, sa
place étant plutôt ici.

2) De jure belli ac pacis, lib. III, cap. XIX et XXII, 2.

3) Ibid., Introd., 25.

Ni les représailles, ni la nécessité d'un exemple terrifiant, ni
la prétention de punir une résistance obstinée n'excusent la
mort de ces personnes [4]. Grotius reconnaît donc que les populations doivent être en dehors des hostilités. Le principe posé
ainsi serait même trop absolu, mais dans d'autres endroits de
son livre, il est clairement, quoiqu' indirectement, indiqué qu'il
ne s'agit ici que des personnes qui ne résistent pas [5].

Sur la manière de traiter les propriétés ennemies en temps
de guerre, Grotius établit des principes qui devancent beaucoup les opinions de son époque, mais qui sur quelques points
sont inexacts. Ainsi il admet la dévastation, si par elle on
arrive plus vite à la paix; ou bien dans le cas où les objets
détruits sont l'équivalent d'une dette qu'on ne paie pas ou
d'un châtiment que l'on mérite [6].

Grotius assimile ici deux choses différentes par la base : la
guerre publique et ce qu'il appelle la guerre privée, c'est à
dire le rétablissement par l'État du droit lésé par un ou plusieurs de ses sujets. Il applique ainsi ce principe à l'individu
comme à l'État, oubliant que les États sont égaux entre eux
et qu' un égal ne peut punir son égal.

D'ailleurs, l'idée fondamentale qui guide Grotius dans ses
principes sur la propriété ennemie est bonne. Il condamne en
général toute dévastation qui n'est pas utile pour les fins de
la guerre et qui ne ressort pas de la défense personnelle [7]. Les
restrictions qu'il fait aux principes en vigueur de son temps sur
le butin, le réduisent à ce qu'il doit être. On n'a le droit
de prendre que ce dont on a véritablement besoin, ou ce qu'on
doit arrêter pour des raisons de sûreté. Aussitôt que le danger
est passé, ces objets ou leur valeur doivent être restitués.
Grotius reconnaît par conséquent un droit de prendre les choses

---

4) De jure belli ac pacis, lib. III, cap. XI.
5) Ibid., lib. I, cap. IV, 16; lib. III, cap. XVIII, 1 et 2.
6) Ibid., lib. III, cap. XII.
7) Ibid., lib. III, cap. XII, 1 et 5.

indispensables, mais il n'admet pas que par là on ait acquis sur elles un droit de propriété [8]).

On peut résumer comme il suit ce que Grotius dit sur le gouvernement qu'un envahisseur impose à la contrée tombée en son pouvoir. Quand même son usurpation serait toute récente et par suite la possession encore illégale, les actes de ce gouvernement restent néanmoins obligatoires, non de par un droit que l'usurpateur n'a jamais possédé, mais de par le droit du souverain légitime restauré. Celui-ci est sensé préférer les actes de l'usurpateur à l'absence complète de toute loi. Mais la population subjuguée, ,,autant que cela peut se pratiquer sans danger'', n'est pas tenue de se soumettre aux ordres de l'usurpateur tendant à la consolidation de sa possession illégale. Il répugne à Grotius de reconnaître à la population le droit de pouvoir toujours se soulever contre l'envahisseur étranger, les émeutes sanglantes étant pour lui ce qu'il y a de plus malheureux; mais il ne peut cependant persister dans cette répugnance jusqu'à refuser aux citoyens le droit de traiter en ennemi, d'exterminer même l'usurpateur qui gouverne par la violence, dans le cas où ce gouvernement serait né d'une guerre injuste, à la suite de laquelle aucun traité n'a été signé et que les habitants ne lui auraient pas juré fidélité [9]).

Après une guerre juste, Grotius admet cependant qu'on puisse acquérir le pouvoir suprême de l'État, autant que cela est la punition d'un crime ou l'équivalent d'une dette. Il admet aussi la conquête pour éviter un plus grand mal. Pour expliquer ce principe, il cite Isocrate quand celui-ci dit: ,,les barbares doivent être subjugués si la sûreté de notre propre pays l'exige'' [10]).

Le plus considérable des disciples de Grotius, l'Allemand Pufendorf, publia son grand ouvrage De jure naturae et gentium en 1672. Il fit cependant faire peu de progrès au

---

8) De jure belli ac pacis, lib. III, cap. XIII, 1.

9) Ibid., lib. I, cap. IV.

10) Ibid., lib. III, cap. XV.

droit international [11]); nous trouverons même qu'il a quelquefois fait un pas en arrière, si nous comparons ses opinions à celles de Grotius. Celui-ci, comme on l'a vu, établit que la guerre doit être juste comme la sentence du juge; Pufendorf, au contraire, permet au belligérant non seulement de porter les actes d'hostilité aussi loin que cela est nécessaire pour faire triompher ses droits et pour se ménager des garanties dans l'avenir, mais il soutient qu'en guerre il n'est pas toujours injuste, comme cela le serait de la part d'un tribunal ordinaire, de rendre à l'ennemi plus de mal qu'on en a reçu [12]). Aux excellents principes de Grotius sur le butin, son disciple en oppose d'autres qui laissent un libre cours à la cupidité la plus effrénée du belligérant, en soutenant que dans une guerre juste il acquiert en toute propriété et l'équivalent de ce qui lui est dû et tout ce qu'il juge nécessaire de garder comme une sûreté pour l'avenir; et il ajoute: ,,cela fait que l'ennemi a le droit de prendre sur l'adversaire tout ce qu'il a le pouvoir de saisir, quoique la valeur du butin soit supérieure de beaucoup aux prétentions qui ont été le sujet de la guerre, aux dommages ou aux frais de la guerre" [13]). Quant à la force obligatoire de ces droits ainsi acquis, Pufendorf professe des principes meilleurs: pendant tout le temps de la guerre, ces droits sur les choses ennemies ne sont selon lui valables que par rapport à un tiers neutre; l'ennemi au contraire peut reprendre ce qu'il a perdu, tant qu'il n'y a pas renoncé par traité [14]). On se souvient que Grotius exige aussi le traité de paix pour légitimer une conquête. Dans beaucoup de cas spéciaux, Pufendorf copie le grand publiciste hollandais, mais il y a un point essentiel sur lequel il est en avant de Grotius. En reconnaissant au vainqueur le droit de commander aux peuples vaincus aussi bien qu'aux particuliers, il atténue cette règle par la condition suivante: pour que cet

---

11) Wheaton, Histoire des progrès du droit des gens, t. I, p. 138.

12) De jure naturae et gentium; lib. VIII, cap. VI, § 7. .

13) Ibid., lib. VIII, cap. VI, § 17.

14) Ibid., idem.

empire soit légitime et qu'il oblige en conscience ceux qui y sont soumis, il faut le consentement expresse ou tacite de ces derniers; il faut aussi que le vainqueur de son côté ne les traite plus en ennemi [15]).

Inspiré sans doute par Cicéron, qui a reconnu, le premier que nous sachions, la vérité que la guerre n'a d'autre but que de nous permettre de vivre en paix après la victoire [16]), Pufendorf, contrairement à ce que dit Hobbes et Spinosa [17]), admet que la paix est l'état propre et primitif de la nature humaine, contrairement aux animaux qui ne savent pas ce que c'est que la paix, l'instinct naturel les portant à se défendre et à se conserver [18]).

Montesquieu a énoncé dans son premier livre, les Lettres persanes (1721), quelques idées sur le droit de la guerre. Il est intéressant de voir qu'à cette première époque de sa vie il avait sur ce sujet des idées moins éclairées que plus tard. En déclarant que la guerre est l'acte de justice le plus sévère du droit public, il dit qu'elle peut avoir l'effet de détruire, que son but est la destruction de la société. Puisque la déclaration de guerre doit être un acte de justice, dans lequel il faut toujours que la peine soit proportionnée à la faute, il faut voir si celui à qui on déclare la guerre mérite la mort: ,,car faire la guerre à quelqu'un, c'est vouloir le punir de mort'' [19]).

Voilà des principes qui ne valent certes pas ceux de Grotius, et qui contrastent singulièrement avec les éloquentes paroles connues de tout le monde dites par Montesquieu dans son livre De l'esprit des lois (1748). ,,Le droit des gens est naturellement fondé sur ce principe, que les diverses nations doivent se faire dans la paix le plus de bien et dans la guerre le moins de mal qu'il est possible, sans nuire à

---

15) De jure naturae et gentium, lib. VIII, cap. VI, § 21.
16) Voir Calvo, t. I, p. 3.
17) Wheaton, Histoire, t. I, p. 140.
18) De jure naturae et gentium, lib. VIII, cap. VI, § 2.
19) Lettres persanes, lettre XCVI.

leurs véritables intérêts"[20]). „Le droit de la guerre dérive de la nécessité et du juste rigide. Si ceux qui dirigent la conscience ou les conseils des princes ne se tiennent pas là, tout est perdu: et, lorsqu'on se fondera sur des principes arbitraires de gloire, de bienséance, d'utilité, des flots de sang inonderont la terre"[21].

Mais même dans L'esprit des lois, Montesquieu n'a pas trouvé le vrai principe du droit de la guerre. Il dit bien que c'est le droit de la juste défense, de sa propre conservation qui autorise la guerre[22]), et il a raison jusque-là; mais au lieu de limiter les effets de la guerre au rétablissement de son droit et à l'acquisition des garanties indispensables pour l'avenir, c'est la conquête qui pour lui est le véritable but de la guerre. „L'objet de la guerre, dit-il, c'est la victoire; celui de la victoire, la conquête; celui de la conquête, la conservation." De ce principe et de celui de se faire en temps de paix le plus de bien et en temps de guerre le moins de mal possible doivent dériver, selon Montesquieu, toutes les lois qui forment le droit des gens[23]).

Il n'a pas eu occasion de détailler les lois qui devraient régir les rapports des habitants avec l'armée ennemie; mais il est aisé de déduire de son principe, que l'ennemi a droit d'imposer son autorité à la population du pays occupé, d'employer les moyens nécessaires pour la consolidation de sa conquête, à condition d'user d'aussi peu de violence que possible.

Il n'y a aucun ouvrage de Leibnitz sur le droit des gens; mais sa philosophie a exercé sur cette science beaucoup d'influence par l'organe de son disciple Wolff et le continuateur de celui-ci, Vattel.

Chrétien-Frédéric de Wolff est célèbre par son vaste système de droit naturel et de droit des gens; il fait une distinction entre ces deux sciences, considérant que le droit naturel des nations

---

20) De l'esprit des lois, liv. I, ch. II.
21) Ibid., liv. X, ch. II.
22) Ibid., idem.
23) Ibid., liv. I, ch. II.

diffère du droit naturel des individus. Un abrégé de la seconde partie de son grand ouvrage a été publié un 1749, sous le titre de **Jus gentium, methodo scientifica pertractatum** [24]).

Grotius, Pufendorf, Montesquieu, ont traité le droit international, au point de vue du droit des gens naturel. A partir de Wolff, la majeure partie des publicistes ne considèrent le droit naturel que comme un guide pour le droit international positif, qui forme la base de leurs investigations [25]).

Dans le droit de la guerre, Wolff a toujours en vue le belligérant juste, car à l'injuste il refuse en principe tout droit de faire la guerre; pour celui-ci tout est illicite et peut être regardé comme vol, brigandage et assassinat [26]). Mais chaque partie prétend avoir le droit de son côté. Les États souverains étant égaux entre eux, ne pouvant être soumis sans leur consentement à l'arbitrage d'un tiers, c'est a eux-mêmes à s'entendre; les neutres ne peuvent se mêler de leurs rapports [27]).

L'idée de l'égalité des États a été entrevue par Wolff, mais elle ne lui est pas apparue bien clairement. Dans un endroit il l'exprime nettement, mais tout de suite après il contredit son principe en donnant à l'État injustement attaqué le droit de **punir** l'État agresseur [28]). Il ne l'admet cependant que comme le résultat d'une guerre commencée avec un but légitime et non comme le but même de la guerre. ,,On ne saurait, dit-il, déclarer la guerre pour **punir** une nation de quelque crime, ou pour la ramener de l'athéisme, de l'idolâtrie, etc.'' [29]).

---

24) Nous nous sommes servis de l'extrait du grand ouvrage de Wolff, publié en français par Formey, à Amsterdam, 1758.

25) Nous désignons en général sous le nom de **positivistes**, les publicistes qui, comme Vattel, Heffter et Calvo, ont largement recours au droit naturel pour expliquer le droit international, et ceux qui, comme Martens, Klüber et Phillimore, n'en tiennent presque pas compte.

26) Extrait de Formey, liv. IX, ch. VIII, § 1.

27) Ibid., liv. IX, ch. VIII, §§ 38 et 39.

28) Ibid., liv. IX, ch. I, § 2; ch. VIII, §§ 3 et 9.

29) Ibid., liv. IX, ch. VII, § 6.

Comme la plupart des positivistes qui tâchent de concilier des choses aussi contradictoires que le sont souvent les pratiques internationales et le droit des gens naturel, Wolff tombe fréquemment dans des inconséquences et des contradictions. Dans les guerres publiques, selon lui, les peuples entre eux sont ennemis, c'est à dire tous les individus, sans en excepter les femmes et les enfants [30]). Mais pour avoir le droit de commettre des hostilités, il faut aux individus l'autorisation de leur gouvernement ou au moins de très fortes présomptions que leur conduite sera approuvée [31]). ,,Le droit de la guerre, dit Wolff, s'étend à toutes les actions qui peuvent porter un ennemi injuste à en venir aux conditions d'une paix équitable; les hostilités s'exercent sur les personnes et sur les biens; le droit sur les personnes naît de la juste défense de soi-même et de ses biens; et il s'étend à tout ce qui est nécessaire pour repousser l'ennemi. Il ne résulte point de ce droit de maltraiter et de tuer les habitants pacifiques, les prisonniers de guerre, ceux qui demandent quartier. Ce n'est pas un moyen licite que de jeter la terreur dans l'esprit de l'ennemi ou d'exercer des cruautés pour punir une résistance trop opiniâtre. Mais à cela près, la guerre donne dans certains cas le droit d'exiger des conditions très-dures des contributions exorbitantes et de livrer même les villes au pillage. Il n'y a rien qui soit à l'abri des fureurs et des violences de la guerre, parce qu'il n'y a rien dont la perte ne soit censée préjudiciable à l'ennemi. Cependant, l'exercice du droit le plus rigoureux dans ce cas, est fort voisin de l'injustice et de l'inhumanité" [32].

L'occupation d'un pays ennemi équivaut pour Wolff à une conquête: les habitants deviennent les sujets du vainqueur. Comme Grotius, il souffre qu'on réduise les habitants et les prisonniers de guerre en servitude, à titre de punition justement méritée [33]).

---

30) Extrait de Formey, liv. IX, ch. VII, § 23.

31) Ibid., liv. IX, ch. VIII, § 25.

32) Ibid., liv. IX, ch. VIII, §§ 4, 5 et 6.

33) Ibid., liv. IX, ch. VIII, §§ 19, 20 et 8.

Il y a des points sur lesquels Wolff est bien en arrière de Grotius: il suffit de rappeler qu'il approuve l'emploi des flèches et des balles empoisonnées et qu'il ne croit pas naturellement illicite de se servir d'assassins [34]).

L'adepte le plus célèbre de Wolff est le Suisse Vattel, dont le Droit des gens, écrit en langue française, parut en 1758. Ce livre, malgré ses doctrines fausses qui sont en désaccord complet avec les idées éclairées de notre époque, est encore, chose étrange, dans les mains des hommes d'État et même des publicites contemporains. Il nous importe donc aussi de connaître tout particulièrement les opinions de Vattel sur le sujet qui nous occupe.

La guerre, selon lui, est cet état dans lequel on poursuit son droit par la force; il faut qu'il y ait au moins une couleur de droit, car quand elle manque, comme dans toute guerre dont l'objet est la conquête ou l'invasion du bien d'autrui, ce n'est plus qu'un brigandage [35]). Dans une guerre juste, celui qui a recours aux armes pour défendre son droit, peut recourir aux moyens nécessaires pour obtenir cette fin: ,,tout ce qu'on fait au delà est reprouvé par la loi naturelle, vicieux et condamnable au tribunal de la conscience". Le but auquel le juste belligérant peut tendre, est de mettre son adversaire hors d'état de résister et pour y arriver on peut choisir les moyens les plus efficaces, pourvu qu'ils n'aient rien d'odieux, qu'il ne soient pas illicites en eux-mêmes et proscrits par la loi de la nature [36]).

En admettant comme tous ses prédécesseurs le soi-disant droit qu'un État a de punir un autre, il va même plus loin que Wolff: celui-ci n'admettait pas que la guerre puisse avoir pour but le châtiment; Vattel n'hésite pas à avancer le contraire, ,,lorsqu'il y a injure et que la guerre est l'unique moyen d'obtenir une juste satisfaction". Il y voit même ,,un titre

---

34) Extrait de Formey, liv. IX, ch. VIII, §§ 22 et 24.
35) Le droit des gens, liv. III, §§ 1 et 5.
36) Ibid., liv. III, §§ 136, 137, 138 et 160.

pour dépouiller un ennemi de quelque partie de ses biens",
afin de prendre ce qu'il est sensé devoir et l'équivalent de la
dette ou de la peine qu'il mérite. Il faut que cela soit l'État
offensé qui châtie, car il ne peut châtier une nation indépen-
dante pour une faute qui ne l'intéresse pas directement [37]).
Mais malgré cette réserve, la conscience de Vattel se trouble,
le voilà qui recule devant les conséquences du droit qu'il a
reconnu: ''comme on pourrait, dit-il, excuser les excès, sous
prétexte du châtiment que mérite l'ennemi, ajoutons ici que,
par le droit des gens naturel et volontaire, on ne peut punir
de cette manière que des attentats énormes contre le droit
des gens'' [38]).

Tous les sujets des deux États qui se font la guerre sont
ennemis et demeurent tels en tous lieux, quoiqu'il n'aient pas
le droit d'en venir aux mains toujours et partout où ils se
rencontrent. Sur un territoire neutre cela n'est pas licite et
même sur son propre territoire il faut l'ordre de son gouvernement, une autorisation expresse ou tacite, pour que le particulier puisse commettre des hostilités contre l'envahisseur. Bien
entendu que la défense de soi-même n'est pas comprise ici
sous le terme d'hostilités: ,,un sujet peut bien repousser la
violence même d'un concitoyen, quand le secours du magistrat
lui manque; à plus forte raison pourra-t-il se défendre contre
l'attaque inopinée des étrangers'' [39]).

En dehors de ces réserves, tout citoyen est obligé de
servir et de défendre l'État autant qu'il en est capable [40]).
Cette obligation, quand cesse-t-elle pour le citoyen? Vattel
ne répond pas directement à cette question, mais il ne confond pas comme Wolff l'occupation avec la conquête. Il dit
en effet que le pays occupé passe sous la puissance de l'ennemi
qui s'en empare, ,,mais l'acquisition ne se consomme, la pro-

---

37) Le droit des gens, liv. III, §§ 41, 162, 193 et 194.
38) Ibid., liv. III, § 173.
39) Ibid., liv. III, §§ 70, 71, 223, 225 et 228.
40) Ibid., liv. III, § 8.

priété ne devient stable et parfaite que par le traité de paix ou par l'entière soumission et l'extinction de l'État auquel ces villes et provinces appartiennent"[41]). Ailleurs, il établit avec justesse que l'habitant n'a pas d'obligations envers l'ennemi. Quand il attaque ce dernier sans l'autorisation de son gouvernement, il n'est responsable qu'envers celui-ci. Mais voici que Vattel tombe dans le manque de logique inhérent à tous les publicistes qui flottent entre l'estime de la loi naturelle et le respect de la loi officielle. Il reconnaît que le citoyen a l'obligation de défendre l'État, que l'autorisation même tacite de celui-ci suffit pour que le citoyen attaque l'ennemi, que si le citoyen commence les hostilités même sans cette autorisation, il ne pèche qu'envers son gouvernement, n'ayant aucune obligation envers l'ennemi; après avoir établi tout cela, comment se fait-il qu'il finisse par admettre que l'ennemi puisse traiter sans ménagement le paysan qui commet de lui-même quelques hostilités, le faire pendre comme il ferait de voleurs ou de brigands[42]? Combien la crainte de flétrir des abus existants peut faire pécher contre la logique et la justice! Malheureusement, c'est le cas de tous les demi-positivistes, même des plus récents.

Il y a d'ailleurs de grandes faiblesses dans le traité de Vattel. Quoi de moins pratique et de plus naïf que la règle suivante? Une armée étrangère entre dans un État voisin sans déclaration de guerre, en annonçant qu'elle compte faire connaître au souverain la cause de sa venue. Vattel défend dans ce cas aux habitants d'attaquer cette armée sans ordre du souverain; il leur concède seulement le droit d'empêcher que l'intrus n'occupe les places fortes et les postes avantageux; mais s'ils osent attaquer l'envahisseur, celui-ci peut les châtier[43]. De quel droit? demandera-t-on; mais Vattel ne croit pas nécessaire de répondre et ainsi admet tacitement le droit de la force.

---

41) Le droit des gens, liv. III, § 197.
42) Ibid., liv. III, §§ 225 et 226.
43) Ibid., liv. III, §. 61.

Tout ce que Vattel dit sur la propriété privée en temps de guerre est peu clair et souvent contradictoire.

Un belligérant peut, selon lui, traiter en bien ennemi toute la propriété privée de l'autre État. Mais le souverain n'est pas possesseur des biens de ses sujets; étant seul responsable, il ne peut après une guerre injuste dédommager le vainqueur en lui donnant des biens privés. Que reste-t-il à faire au souverain dans ce cas critique? Vattel ne le dit pas. Il conclut seulement de ce qui précède, qu'il n'est pas permis d'enlever aux sujets du souverain vaincu après une guerre injuste tout ce qui était mal acquis dans la guerre[44]. Cela ne l'empêche pas d'admettre plus tard que les sujets auxquels leur souverain fait subir des pertes en temps de guerre par des actes volontaires — démolition d'une maison, destruction d'une moisson — doivent être dédommagés, chaque sujet ne devant supporter que sa quote-part; mais les autres dégâts provenant de l'ennemi ou des effets inévitables de la guerre — des ravages de l'artillerie par exemple — retombent sur le propriétaire qui a eu le malheur de les essuyer[45].

Dans bien des paragraphes de son ouvrage, Vattel confond avec le droit les pratiques abominables de la guerre en vigueur de son temps bien plus encore qu'aujourd'hui. C'est ainsi qu'il autorise les dévastations des contrées ennemies, les incendies, non seulement pour le besoin des opérations militaires, mais même „quand il y a nécessité de châtier une nation injuste et féroce, de réprimer sa brutalité et de se garantir de ses brigandages"[46]. Le pillage est chose légitime et les contributions sont la substitution au pillage. Quiconque fait une guerre juste, est en droit de faire contribuer le pays ennemi à l'entretien de son armée, à tous les frais de la guerre[47]. S'il n'approuve pas comme Bynkershœk et Wolff le

44) Le droit des gens, liv. III, §§ 71, 186, 187 et 4.
45) Ibid., liv. III, § 232.
46) Ibid., liv. III, §§ 166 et 167.
47) Ibid., liv. III, § 165.

poison, il ne rougit pas de déclarer louable l'acte de tuer
un ennemi par surprise: car dans la pratique de la guerre
il est d'usage de le faire dans les sorties de nuit [48]).

Enfin quant aux représailles, Vattel approuve le crime le
plus odieux et le plus illogique en usage dans la pratique de
la guerre, celui de faire périr de sang-froid un innocent; et
l'exemple qu'il a choisi démontre jusqu'à l'évidence tout ce qu'il
y a d'abominable dans le fait qu'il approuve. „Le général
ennemi, dit-il, aura fait pendre, sans juste sujet, quelques
prisonniers; on en fait pendre le même nombre des siens et
de la même qualité: c'est une terrible extrémité, mais comme
un prince est en droit de sacrifier la vie de ses ennemis à sa
sûreté et à celle de ses gens, il semble que les représailles sont admises si on a à faire à un ennemi inhumain" [49]).
Et Vattel appelle tout ce qui précède droit des gens
nécessaire, c'est à dire les régles inviolables que chaque
nation doit suivre en sa conscience. En dehors de ce droit nécessaire, il en connaît un autre, le droit des gens volontaire, autrement dit conventionnel [50]). C'est ce droit volontaire
qui a fait accepter comme nécessaires les règles pratiques suivantes:

1) la guerre en forme, quant à ses effets, doit être re-
gardée comme juste de part et d'autre;

2) tout ce qui est permis à l'un des belligérants, en vertu
de l'état de guerre, est aussi permis à l'autre. C'est une règle
nécessaire pour éviter de plus grands maux, mais non la transformation en droit des actes d'un agresseur injuste [51]).

On peut considérer comme successeurs immédiats de Vattel
deux publicistes allemands, G. F. de Martens et J. L. Klüber.
Ils différent de leur modèle en ce qu'ils ne tiennent plus aucun
compte des réformes du droit des gens désirées par Vattel et
ses prédécesseurs: ils sont franchement positivistes. Ils

---

48) Le droit des gens, liv. III, § 155.
49) Ibid., liv. III, § 142.
50) Ibid., liv. III, §§ 188 et 189.
51) Ibid., liv. III, §§ 190, 191 et 192.

sont les fidèles théoriciens de la pratique de leur temps et si le livre de Klüber sur quelques points est plus humain que celui de Martens, c'est la preuve que le temps dans lequel Klüber écrivait était déja notablement supérieur sous le rapport du droit des gens à celui dont Martens est le fidèle interprète. Il est facile d'ailleurs de s'en convaincre en rapprochant les dates des premières éditions de ces deux ouvrages: les Primae lineae juris gentium Europaearum pratici de Martens datent de 1785 et le Droit des gens moderne de l'Europe de Klüber de 1819[52].

Martens et Klüber attachent tous les deux beaucoup d'importance à la distinction qui dans la pratique de la guerre existe entre la loi militaire (Kriegsmanier) et la raison de guerre (Kriegsraison)[53]. La première est la loi générale, basée surtout sur le droit des gens naturel; la seconde est une loi exceptionnelle, arbitraire, en contradiction avec la première, mais dictée par la nécessité. C'est par cette raison de guerre que l'on excusait toutes les atrocités imaginables.

Martens aussi bien que Klüber pense que la guerre n'est pas une extermination; elle doit cesser aussitôt que le but légitime de la guerre est atteint[54]. Klüber pense néanmoins que le droit de l'ennemi juste sur l'ennemi injuste est sans limites; tout est permis à l'ennemi juste contre son adversaire, pourvu qu'il ne lèse pas les droits d'un tiers, les usages établis et les commandements de la morale. Il a donc droit de recourir, selon sa conscience et son but, à toutes les violences jugées nécessaires[55].

Faire la guerre est un droit exclusif du chef de l'État. Sans l'autorisation de ce dernier aucun sujet n'est belligérant

---

52) Nous nous sommes servis de l'édition française de 1831 du Précis du droit des gens moderne de l'Europe de Martens et de l'édition allemande de 1851 du Europäisches Völkerrecht de Klüber.

53) Martens, §. 271. Klüber, §. 243.

54) Martens, §. 271. Klüber, §. 233.

55) Klüber, §. 241.

légitime. C'est l'opinion des deux publicistes[56]). Martens pourtant n'admet pour combattants que les armées régulières. Il dit qu'avant la révolution française on hésitait à accorder même aux milices organisées les prérogatives du droit de la guerre. Quant aux partisans non autorisés par le gouvernement légitime ou par celui qui existe de fait, l'ennemi peut les punir de mort[57]). Klüber accorde à l'ennemi ce même droit, mais il augmente notablement le nombre des personnes qui entrent dans la catégorie des combattants légitimes. Selon lui jouissent aussi des prérogatives de prisonniers de guerre les corps francs, les volontaires, les populations qui sont autorisées à se lever en masse, les défenseurs d'une ville ou d'une place qui s'arment par ordre exprès ou supposé de leur gouvernement, ceux qui prennent les armes pour leur défense personnelle[58]).

Quant aux habitants pacifiques, Martens et Klüber s'accordent à dire qu'on ne peut les priver de la liberté: on ne peut prendre envers eux que des mesures de sûreté[59]). Mais sur le gouvernement du pays occupé en temps de guerre, les principes des deux savants diffèrent beaucoup. On sent l'influence de la guerre de sept ans sur Martens, lorsqu'il confond l'occupation avec la conquête. Selon lui, l'occupant devient d'emblée souverain : il peut changer la constitution existente, se faire rendre hommage, donner des lois, lever des recrues, percevoir des impôts, s'approprier les domaines de l'État et punir comme rebelles ceux qui s'opposent à sa souveraineté[60]). Klüber ne l'admet que lorsqu'il y a conquête et seulement après que la conquête est reconnue par un traité de paix. Jusque là l'occupant n'a que l'usufruit des biens ennemis et celui de la gérance supérieure des affaires du pays[61]).

Malgré cette divergence de principes, les deux publicistes

56) Martens, §. 294. Klüber, §. 236.
57) Martens, §§. 271 et 276.
58) Klüber, §. 267.
59) Martens, §. 277. Klüber, §. 246.
60) Martens, §. 280.
61) Klüber, §§. 255 et 256.

s'accordent à reconnaître au souverain légitime le droit de reprendre les pays qui lui ont été enlevés; Klüber dit même qu'en en perdant la possession, il n'a pas perdu le droit de propriété; il est aussi d'opinion que la population du pays occupé ne doit pas renoncer au retour de son gouvernement légitime, mais que par la force des choses elle doit continuer avec le conquérant la marche des affaires de l'État[62].

Il est singulier que, quoique Martens approuve complètement le pillage et qu'il écrive trente-quatre ans avant Klüber, ses opinions sur la propriété privée soient cependant meilleures que celles de ce dernier. Tandis que Klüber soutient que l'ennemi peut saisir toute propriété ennemie publique et privée, s'approprier toutes les choses et tous les droits de l'ennemi, Martens reconnaît que les biens particuliers pourraient à la rigueur appartenir au vainqueur, mais que l'usage retient ce droit dans de certaines limites[63].

En admettant que l'usage moderne sauvegarde la personne et les biens des particuliers, tout en considérant comme droit naturel du vainqueur de les asservir, Martens et Klüber peuvent être considérés comme les publicistes qui font la transition entre l'ancienne et la nouvelle école de la science du droit des gens. Le point de vue nouveau, — nouveau, bien que le génie de Hugo Grotius l'ait soutenu deux siècles auparavant[64] —, consiste dans la distinction faite entre l'État et l'habitant pacifique quand il s'agit de guerre.

Cette nouvelle manière de voir les choses, dont on a même abusé ces derniers temps, a été exprimée d'une façon complète pour la première fois l'an VIII de la république française par Portalis: „Le droit de la guerre, dit-il, est fondé sur ce qu'un peuple, pour l'intérêt de sa conservation ou pour le soin de sa défense, veut, peut ou doit faire violence à un autre peuple. C'est le rapport des choses et non des personnes qui constitue

---

62) Martens, §. 282. Klüber, §§. 256 et 258.
63) Martens, §. 280. Klüber, §§. 250 et 251.
64) De jure belli ac pacis, lib. III, cap. XI.

la guerre; elle est une relation d'État à État et non d'individu à individu. Entre deux ou plusieurs nations belligérantes, les particuliers dont ces nations se composent ne sont ennemis que par accident: ils ne le sont point comme hommes: ils ne le sont même pas comme citoyens; ils le sont uniquement comme soldats'' [65]).

Les exagérations auxquelles cette doctrine a donné lieu proviennent précisément de l'opinion erronée que les habitants ne sont pas ennemis même comme citoyens. Ayant plus tard à discuter en détail cette question, nous n'avons tenu ici qu'à indiquer ce point faible de la doctrine, pour donner un appui aux critiques que nous aurons à infliger à la plupart des publicistes de notre siècle, qui admettent presque tous le principe de Portalis.

Le diplomate américain Wheaton est auteur de deux ouvrages bien connus: Elements of the international Law (1836) et Histoire du droit des gens, qui en est le complément. Dans ses Éléments du droit international [66]), il subit l'influence des anciens positivistes. Esprit logique et clair, il réussit surtout dans la partie purement juridique de son travail. Il ne répudie pas les enseignements du droit des gens naturel, mais il est trop respectueux envers la pratique internationale et les opinions des publicistes pour pouvoir discuter avec une pleine liberté les questions qu'il traite. L'opinion d'un Bynkershœk, d'un Vattel, d'un Klüber est souvent pour lui une autorité sans réplique. On trouve quelquefois chez lui les mêmes principes que chez ces vieux publicistes, mais modifiés seulement par la pratique plus douce en usage déja de son temps. Ainsi il pose comme principe: ,,du moment où un État est en guerre avec un autre, il a, en principes généraux, le droit de saisir toute la propriété de l'ennemi, de quelque espèce et en quelque lieu qu'elle soit, et d'approprier la propriété ainsi prise à son

---

65) Procès verbal de l'installation des prises, le 14 floréal an VIII.

66) Nous nous sommes servis de la 4e édition française, Leipzig, 1864.

usage ou à celui de ceux qui s'en sont emparés ''[67]). Mais voici que ce principe est modifié par la pratique, qui avait déja subie l'influence du principe de Portalis, et Wheaton reconnaît que ,,toute la population civile, tant qu'elle n'est pas prise les armes à la main ou qu'elle ne s'est pas rendue coupable de quelque violation des usages de la guerre, est exempte des actes d'hostilités.'' Puis il ajoute: ,,l'application du même principe a aussi limité et restreint les opérations de la guerre contre le territoire et toute autre propriété de l'ennemi.'' Enfin: ,,la propriété privée sur terre est exempte de confiscation, à l'exception du butin et des contributions militaires'' [68]).

Comme tous les publicistes anglais et américains, Wheaton porte son attention surtout sur le droit de la guerre maritime et ce n'est que par ses principes généraux que l'on peut reconnaître ses opinions sur le sujet qui nous occupe.

On peut en dire autant de M. Phillimore, célèbre jurisconsulte anglais, dont les Commentaries upon International Law (1854) [69]) font autorité dans la science positive du droit international, surtout en Angleterre et aux États-Unis, car il se base presqu' exclusivement sur la législation et la jurisprudence anglaise et américaine.

M. Phillimore reconnaît, avec lord Bacon, que les guerres ne sont pas des massacres ou des confusions, mais le plus haut litige de droit [70]). Ce n'est que pour le rétablissement du droit, la restauration de l'ordre et de la sécurité, que la guerre peut être entreprise et menée. Il y a, selon M. Phillimore, deux principes sur lesquels reposent toutes les lois de la guerre: d'une part, le belligérant doit se rendre justice aussi vite que possible; d'une autre part, il doit s'abstenir de toute injure envers les personnes, sujets ennemis ou neutres, qui ne s'opposent pas à la réalisation de son but [71]).

---

67) Éléments, 4e partie, ch. II, §. 5.

68) Ibid., idem, §§. 4 et 5.

69) Nous avons consulté la 2me édition, 1871—73.

70) ,,Wars are no massacres or confusions, but the highest trials of Right.'' Commentaries, t. I, §. 14.

71) Commentaries, t. III, §. 49.

Le sujet de l'État auquel on fait la guerre est pourtant ennemi.
S'il se trouve sur le territoire de l'adversaire lorsque la guerre
éclate, on lui accorde un délai pour partir; mais le terme ex-
piré, on peut le traiter en ennemi désarmé [72]).

En reconnaissant le droit d'infliger des représailles, même
aux particuliers innocents, M. Phillimore ne fait pas difficulté d'admettre que l'on peut sévir contre les sujets ennemis lorsqu'il n'y
a pas d'autre moyen d'obtenir raison de leur gouvernement [73]).
Les sujets d'un État, de leur côté, ne peuvent sans autorisation
de leur gouvernement entretenir des rapports avec l'ennemi, ni
commettre contre ce dernier des hostilités; mais l'État peut appeler tous ses sujets à la défense du pays [74]).

M. Phillimore dit qu'il existe un code précis pour la manière
de conduire la guerre [75]). Cette assertion est dénuée de fondement.
Il y a bien des usages plus ou moins acceptés par les peuples
civilisés; il y a bien dans les différentes législations particulières des États des lois éparses qui se rapportent à l'état de
guerre, mais jusqu'à ces derniers temps il n'y avait pas un seul
code de guerre qui eût force de loi, ne fût-ce que dans un
seul pays. En 1863, enfin, les États-Unis d'Amérique en
obtinrent un.

Ce document, de la plus haute importance pour les questions
que nous étudions, a paru pendant la guerre civile des États-
Unis d'Amérique et est intitulé Instructions for the Go-
vernment of Armies of the United States in the
field [76]). M. Stanton, ministre de la guerre, les a demandées
à M. Lieber, jurisconsulte américain. Son projet fut revu par
une commission d'officiers et ratifié par le président Lincoln.
L'Instruction est divisée en dix sections, qui forment
un code de 157 articles. L'influence exercée depuis par ce code

---

72) Commentaries, t. III, §. 75.
73) Ibid., t. III, ch. II, et ch. IV, §. 49.
74) Ibid., t. III, §§. 69 et 92.
75) Ibid., t. III, §. 49.
76) L'original anglais de l'Instruction est annexé à l'ouvrage de
M. Bluntschli, Das moderne Völkerrecht.

américain, même sur les publicistes de l'Europe, nous obligé a
en exposer ici en détail les doctrines.

Partant du principe que le fait de l'occupation ou de la
conquête d'un pays suffit pour que la loi martiale de l'armée
envahissante ou occupante y soit mise en vigueur, à l'exception
de toute autre législation, l'Instruction américaine exige
un ordre spécial de l'autorité ennemie pour que la loi martiale
cesse d'être applicable (art. 1 et 2). Une seule exception à
cette règle est admise par l'article 6, qui veut que les lois civiles
et pénales continuent à être appliquées dans les places et les
territoires ennemis placés sous la loi martiale, à moins qu'il
n'en soit ordonné autrement par la force militaire occupante.
,,Mais toute fonction du gouvernement ennemi, ajoute l'article 6,
législative, exécutive et administrative, soit d'un caractère général, provincial ou purement local, cesse sous la loi martiale
ou ne continue à s'exercer qu'avec la sanction et, si cela est
jugé nécessaire, avec la participation de l'occupant ou de l'envahisseur.'' La loi martiale s'étend aux propriétés et aux personnes, sans distinction de nationalité (art. 7).

Il ne paraît pas que l'auteur de ces Instructions, en
établissant ces principes, ait eu en vue les droits inaltérables
de l'occupant; il s'est inspiré plutôt de leur utilité. Ainsi il
déclare que la loi martiale a principalement pour objet d'assurer
l'entretien de l'armée, sa sécurité et le succès des opérations
militaires (art. 10); puis il accorde aux chefs militaires le droit
d'user de plus ou moins de rigueur selon que le lieu et la situation leur présentent plus ou moins de danger. Il étend cette
latitude d'user des mesures de rigueur même dans son propre
pays, au cas où les troupes sont en présence de l'ennemi, ,,à
cause des nécessités impérieuses de cette situation et du devoir
suprême de défendre le pays contre l'invasion.'' ,,Le salut de
la patrie, s'écrie-t-il (art. 5), passe avant toute autre considé-
ration!'' Le rétablissement de l'état de paix étant l'objet suprême
de toute guerre, les guerres doivent être conduites avec le plus
de vigueur possible, afin qu'elles deviennent de plus en plus
courtes (art. 29). Enfin, dans l'article 14, il est dit clairement

que les exigences de la guerre moderne „sont l'ensemble des mesures indispensables pour atteindre sûrement le but de la guerre et légalement conformes aux lois et aux usages modernes de celle-ci.‘‘ Il est donc évident que l'auteur de l'Instruction, en admettant ces règles de rigueur, avait en vue non le droit en lui-même qu'aurait l'occupant de remplacer par la loi martiale de son armée le pouvoir législatif et exécutif de la contrée envahie, mais simplement le cas où cette substitution serait indispensable pour arriver au but projeté. Par conséquent dans les cas où cette rigueur serait jugée comme non indispensable ou superflue, les règles de l'Instruction américaine ne trouveraient plus aucune application.

Par loi martiale la dite Instruction n'entend pas autre chose que l'exercice de l'autorité militaire „conformément aux lois et aux usages de la guerre‘‘ (art. 4) et elle s'empresse de rappeler que l'on ne doit pas la confondre avec l'oppression militaire, qui est l'abus du pouvoir que cette loi confère. Comme la loi martiale est exécutée par la force militaire, toute puissante par ses armes au milieu des populations désarmées, il est du devoir de ceux qui l'appliquent de respecter strictement les principes de la justice, de l'honneur et de l'humanité. Aucune restriction conventionnelle n'est cependant admise quant au mode adopté pour nuire à l'ennemi (art. 30). On défend seulement les cruautés inutiles, comme de blesser un ennemi en dehors du combat, de lui faire subir des tortures pour en extorquer des renseignements; on prohibe le poison, la dévastation inutile, la perfidie, l'extorsion, toute transaction ayant pour but un gain illicite, de même tout acte de vengeance privée et toute complicité dans ces actes. On regarde comme contraire aux lois de la guerre la mauvaise foi dans les engagements contractés avec l'ennemi pour le temps de la guerre ou durant la guerre. Les simples citoyens, quoique ennemis de l'État qui fait la guerre à l'État dont ils sont sujets, ne sont cependant plus, grâce aux usages des peuples civilisés, mis à mort, ni déportés, ni réduits en esclavage, et l'individu inoffensif ne doit pas être inquiété dans ses relations privées, tant que celles-ci ne sont pas incompatibles avec les exigences impérieuses d'une guerre vigoureusement conduite. La règle est que la protection lui est accordée; le trouble apporté dans ses relations privées est l'exception (art. 11, 16, 23 et 25).

Quant à ce que la guerre autorise, l'Instruction américaine fait l'énumération suivante: le meurtre ou la mutilation des ennemis armés ou des personnes dont la destruction est inévitable; la capture de tout ennemi armé, utile à son gouvernement ou dangereux pour le capteur; la destruction de toute espèce de propriétés, de voies de communication; l'interception de vivres et de munitions de l'ennemi et la réquisition de tout ce que le pays ennemi peut fournir pour la subsistance et la sécurité de l'armée. La guerre ne se fait pas seulement par les armes, mais aussi par les ruses, qui n'impliquent pas une violation des engagements exprès ou tacites, et par la famine, pour réduire plus promptement l'ennemi. Pour atteindre le même but, il est permis à l'assiégeant d'empêcher les femmes et les enfants de sortir de la place assiégée, même bombardée, quoique généralement dans ce dernier cas on en informe les assiégés, afin que les non-combattants puissent chercher un abri avant l'ouverture du feu (art. 15, 17, 18 et 19). „Les chefs de l'armée d'occupation, dit l'article 26, peuvent requérir les magistrats et les employés civils du pays envahi de prêter un serment d'obéissance temporaire ou même de fidélité au gouvernement de l'armée envahissante, et ils peuvent expulser du pays tous ceux qui se refusent à cet acte. Mais, que le serment soit requis ou non, les habitants et les employés civils doivent une stricte obéissance au vainqueur, aussi longtemps que celui-ci reste maître du territoire et du pays et cela au péril de leur vie". L'article 134 accorde au commandant d'un corps d'occupation le droit de requérir des fonctionnaires civils du pays occupé ou des habitants telle garantie qu'il jugera nécessaire pour le salut ou la sécurité des troupes sous ses ordres. Si cette garantie lui est refusée, il peut faire arrêter, interner ou détenir les récalcitrants.

C'est méconnaître complètement les préceptes les plus élémentaires de la justice et de l'humanité, que de condamner des êtres innocents et inoffensifs, comme les femmes et les enfants, à subir les horreurs de la famine et du bombardement, et de ne faire aucun cas des droits de l'homme, qu'on mettrait par ce serment inique en contradiction avec ses devoirs et sa conscience! Heureusement que pour les représailles au moins, M. Lieber a des opinions plus humaines: il voit en elles le côté le plus triste de la guerre et quoique, selon lui, les lois actuelles de la guerre ne puissent pas les empêcher, il ne faut cependant jamais y recourir dans le simple but de se venger et on ne doit en user que comme d'un châtiment protecteur et encore avec circonspection et à la dernière extrémité. ,,En d'autres termes, on ne devra avoir recours aux représailles qu'après une enquête sur les circonstances réelles et sur le caractère des infractions qui peuvent exiger un châtiment'' (art. 27 et 28).

Quant à la juridiction militaire, l'Instruction américaine (art. 12 et 13) établit une distinction entre les cas déterminés par la loi du pays et qui doivent être jugés selon la forme qu'elle prescrit (par les cours martiales) et les cas prévus par les lois générales de la guerre qui sont jugés par des commissions militaires. Dans le cas d'offenses individuelles, la loi martiale autant que possible sera appliquée par les conseils de guerre, mais les arrêts de mort ne seront — sauf des cas d'urgence — exécutés qu'avec l'approbation du chef du pouvoir exécutif. A ces différentes cours martiales sont soumis aussi bien les habitants et les employés du pays occupé (art. 26); que les officiers et les soldats de l'armée envahissante (art. 44, 46 et 47).

La nue propriété des biens immeubles appartenant au gouvernement ennemi ou à la nation demeure vacante durant l'occupation militaire et jusqu'à ce que la conquête devienne définitive. Mais l'armée victorieuse en séquestre tous les revenus, s'empare de tout le numéraire des caisses publiques, de toutes les valeurs mobilières publiques, en attendant les instructions ultérieures de son gouvernement (art. 31). Les biens appartenant à des établissements religieux et de bienfaisance, scientifiques et artistiques font exception, mais peuvent cependant être imposés ou utilisés quand le service public l'exige (art. 34). Les œuvres d'art, les bibliothèques, les collections scientifiques, doivent être protégées contre les dégâts, mais si elles peuvent être déplacées sans crainte de dommage, le chef de l'État conquérant peut ordonner qu'elles soient saisies et déplacées au profit de cet État, en attendant que le traité de paix décide sur leur sort (art. 35 et 36).

C'est il nous semble aller un peu au delà du principe qui permet à l'envahisseur tout ce qui est indispensable pour atteindre sûrement le but de la guerre, si même on ne tient aucun compte de l'autre principe qui excepte de cette règle tous les actes contraires à la justice, à l'honneur et à l'humanité, règle que l'Instruction américaine n'applique pas toujours et sans laquelle l'autre principe est incomplet et par conséquent injuste.

L'Instruction américaine reconnaît et protège dans les contrées ennemies occupées la religion et la morale, les propriétés privées, la personne des habitants, spécialement les femmes et la sainteté des relations domestiques. Elle se réserve néanmoins le droit de mettre à contribution les habitants du territoire envahi ou leurs propriétés, de faire des emprunts forcés, de loger ses soldats chez les habitants, de faire servir temporairement à des usages militaires les propriétés, spécialement les maisons, les champs, les bateaux ou navires, les églises. Cependant, ce n'est que pour le besoin de l'armée ou de leur État (est-ce que cela ne laisse pas trop de latitude au preneur?) que la propriété privée peut être saisie et, si le propriétaire n'est pas en fuite, il a droit à un reçu qui puisse lui servir à obtenir une indemnité (art. 37 et 38).

Les habitants sont protégés par l'envahisseur en tant qu'ils ne lui opposent pas de résistance; mais le pouvoir militaire se réserve le droit de suspendre, modifier ou abolir temporairement (réservant au traité de paix le soin de rendre le changement permanent) les obligations qui, d'après les lois du pays envahi, incombent aux citoyens ou aux habitants de ce pays (art. 32). Un citoyen d'un État ennemi ne peut en général être contraint à entrer au service du gouvernement victorieux, à moins que ce dernier ne proclame, après une complète conquête de l'endroit, qu'il est résolu à s'y maintenir (art. 33). Cependant les fonctionnaires civils du gouvernement ennemi, les juges, les employés municipaux et locaux peuvent continuer à remplir leurs fonctions et être payés sur les revenus du territoire envahi, s'ils se conforment à la situation nouvelle résultant de la guerre (art. 39). Tous les rapports entre les territoires occupés par les armées belligérantes — commerce, correspondance, voyages — sont interrompus (art. 86).

Toutes ces questions délicates trouveront une réponse dans la suite du présent traité, lorsque le moment sera venu d'appliquer les vrais principes aux différents cas que présentent les rapports de l'armée ennemie avec les habitants.

Les lois de l'état de paix n'étant, selon M. Lieber, de nul effet pour les armées en campagne, celles-ci ne reconnaissant que les principes du droit naturel et international qui n'admet pas l'esclavage, tout esclave qui tombe dans les mains de l'armée rentre immédiatement dans la condition de l'homme libre. ,,La personne devenue libre au nom des lois de la guerre, est immédiatement placée sous la protection du droit international. Ni son ancien propriétaire, ni l'État dont il est membre n'auront à ce sujet, en vertu de la postliminie, aucun droit à faire valoir et aucun service à réclamer'' (art. 40—43).

Dès qu'un homme est armé par son souverain et qu'il lui prête le serment militaire de fidélité, qu'il soit soldat ou partisan, il devient un belligérant. Chaque belligérant pris soit en combattant, soit blessé, est considéré comme prisonnier de guerre, qui ne peut être l'objet d'aucun traitement barbare, d'aucune spoliation de sa propriété privée. Il en est de même des otages et de toutes les personnes dont les services sont d'une utilité particulière à l'armée ennemie ou à son gouvernement, s'ils sont pris sans sauf-conduit sur le théâtre de la guerre (Voir toute la section III et l'art. 81). ,,Si à l'approche de l'armée ennemie, dit l'article 51, la population de la partie du pays ennemi qui n'est pas encore occupée ou la population du pays tout entier, se lève en masse pour résister à l'envahisseur, sur un ordre émanant des autorités compétentes, cette population est traitée en ennemie déclarée et tous ceux de ses membres qui sont pris sont prisonniers de guerre". L'article 52 ajoute qu'aucun belligérant n'a le droit de déclarer qu'il traitera chaque homme de la levée en masse pris les armes à la main comme un brigand ou un bandit. Le même article et l'article 85 excluent cependant de cette règle les citoyens du pays déjà occupé par l'armée ennemie et l'article 63 les troupes qui combattent sous l'uniforme de leur ennemi sans porter un insigne apparent qui les en distingue (Voir aussi l'art. 64), ainsi que les espions et les rôdeurs armés (art. 83 et 84) et les individus qui, isolés ou par bandes, commettent des hostilités sans faire partie de l'armée organisée, sans prendre une part permanente à la guerre, quittant les armes quand il leur convient pour retourner dans leurs foyers (art. 82). Dans le cas où il est fait quartier à un ennemi par suite d'une méprise sur son véritable caractère, il n'en est pas moins passible de la peine capitale, si, dans les trois jours après le combat, il est reconnu pour appartenir à un corps qui ne fait pas quartier (art. 66).

D'après les articles consacrés à la trahison (art. 89—98), il semble que l'Instruction américaine, qui punit ce crime de mort, en même temps qu'elle accorde à l'envahisseur le droit d'user de la même rigueur envers un guide qui l'aura sciemment égaré, fasse une règle à chaque citoyen de ne rien communiquer à l'ennemi sur les siens, sauf le cas où il est par violence et contrainte obligé de lui servir de guide. Dans ce dernier cas il doit être fidèle à ceux qu'il mène et les siens ne peuvent le considérer comme traître.

Dans la section où il est question des armistices, il y a un article important pour notre sujet, l'article 141, qui dit que les parties contractantes ont l'obligation de déclarer dans l'armistice, si et dans quelle mesure des relations personnelles ou commer-

ciales seront autorisées entre les habitants des territoires occupés par les armées belligérantes. Si rien n'est stipulé à cet
égard, toutes relations demeurent suspendues comme durant les
hostilités.

Enfin l'article 148 ploclame un beau principe digne de
notre temps: aucun homme ne peut être mis hors la loi et puni
de mort sans jugement par le premier individu qui s'en empare.
,,Les nations civilisées, ajoute l'article, voient avec horreur les
récompenses offertes en vue de pousser à l'assassinat d'un ennemi
et les condamnent comme un retour vers la barbarie".

M. Bluntschli, jurisconsulte suisse et professeur à l'université de Heidelberg, est auteur d'un traité codifié de droit international, Das moderne Völkerrecht (1868), qui dans le courant de quelques années a obtenu deux éditions allemandes et deux
autres françaises [77]). Par la clarté de l'exposition et les opinions
libérales de l'auteur sur bien des questions, ce projet de code
mérite son succès. Nous croyons cependant inutile de nous
étendre ici sur ce travail, après avoir analysé l'Instruction
américaine, car le droit de la guerre de M. Bluntschli
n'est qu'une reproduction, souvent textuelle, bien que dans un
autre ordre, de la dite Instruction. Sur quelques points
les opinions de M. Bluntschli diffèrent de celles de M. Lieber;
on trouve aussi chez lui des paragraphes relatifs à certains
sujets qui ne sont pas traités dans l'Instruction américaine; nous préférons néanmoins les réserver pour la partie
de notre travail qui étudiera ces mêmes questions.

Un autre savant contemporain, un positiviste, qui respecte
autant que M. Bluntschli les enseignements de la raison et du
droit naturel, mais qui comme lui prend aussi l'Instruction
américaine pour base de ses écrits, mérite d'être consulté
par nous. C'est un des écrivains qui a traité avec le plus de
détails le sujet qui nous occupe et qui sur bien des points
complète les principes de M. Lieber, en tirant de ceux-ci des

____

[77]) Antérieurement, dès 1866, M. Bluntschli exposa les principes du
droit de la guerre dans une brochure publiée à part.

conséquences nouvelles. Nous voulons parler de M. Rolin-Jaequemyns, jurisconsulte belge, qui a étudié, au point de vue du droit international, les événements de la dernière guerre franco-allemande [78]). Examinons les règles internationales que l'auteur établit à mesure qu'il expose et apprécie les événements.

La guerre est un recours suprême à la force, un mal nécessaire. Tous les moyens de destruction ne sont pas légitimes, surtout ils ne le sont pas en toutes circonstances. ,,La légitimité du mal causé est subordonnée à sa nécessité, et, même dans cette limite, il est certains moyens que l'humanité et le consentement commun des nations réprouvent absolument'' [79]). Ce beau principe établi, l'auteur ne l'applique pas toujours avec autant de générosité qu'on oserait l'espérer. Il tient, comme tous les positivistes, trop de compte des pratiques établies. Il loue souvent les procédés humains, mais il hésite à les exiger. Il défend, comme la pratique elle-même le reconnaît en principe, de bombarder des villes ouvertes non défendues, et pour commencer le bombardement des villes défendues il exige un avertissement et une sommation préalables. Laisser sortir des villes assiégées les femmes, les enfants et les infirmes est louable, mais non obligatoire. En général on ne doit diriger les bombes que contre les fortifications et les constructions militaires; mais s'il fallait détruire une ville ou en bombarder l'intérieur pour réduire la place plus vite et avec une moindre perte d'hommes (quand même on tuerait par là des personnes de la population civile), l'auteur, se basant sur Vattel, n'hésite pas à le reconnaître comme légitime.

M. Rolin-Jaequemyns accorde à l'occupant une souveraineté de fait qui se substitue provisoirement, dans une certaine mesure,

---

78) La guerre actuelle dans ses rapports avec le droit international, Gand, 1870, et Second essai sur la guerre franco-allemande etc., Gand, 1871. Ces deux brochures, qui forment ensemble plus de 180 pages in-8⁰, parurent originairement dans la Revue de droit international de Gand.

79) La guerre actuelle, p. 20.

à celle du gouvernement vaincu [80]). Sans essayer de démontrer la légitimité juridique de ce droit, le jurisconsulte belge l'accepte comme un usage établi et fait par conséquent une grande distinction entre les rapports de l'armée ennemie avec les habitants des contrées non encore envahies et les rapports de cette armée avec les populations du pays occupé militairement par elle. Dans les pays non envahis la population peut fournir à la défense nationale des corps-francs et même se lever en masse. Pour que les corps-francs jouissent des droits de la guerre, il faut admettre:

1) la nécessité d'un ordre émanant de l'autorité légale ou tout au moins d'un groupe considérable de citoyens constitués de fait en vue d'organiser la défense nationale;

2) la nécessité, en thèse générale, d'insignes militaires et d'uniformes inséparables de la tenue et reconnaissables à portée de fusil [81]).

Quant à la levée en masse, les citoyens qui auront pris les armes devront, même s'ils n'ont pas d'uniformes, être traités en prisonniers de guerre, lorsqu'il résultera des circonstances que l'absence d'uniforme n'est pas un moyen dont ils se servent pour faire une guerre déloyale [82]).

Mais dans le pays occupé il en est tout autrement. L'occupation militaire n'est pas sans doute la possession régulière, complète, mais c'est au moins une détention de fait, une souveraineté provisoire, comme nous l'avons vu tout à l'heure. Il naît de cette situation certains droits et certains devoirs réciproques. La souveraineté de l'État envahi étant

---

80) Second essai, p. 50.

81) M. Droop, dans son discours On the relations between an invading army and the inhabitants etc., London, 1871, p. 720, limite cette règle au cas où les combattants agissent isolément ou par petits corps, mais il en dispense les grands corps d'armée. M. Droop n'étudie dans cette brochure que peu de questions relatives à ce sujet; dans le courant de notre travail nous aurons occasion de rapporter ses opinions.

82) Rolin-Jaequemyns, Second essai, p. 24.

momentanément suspendue, le devoir du vainqueur est de se substituer à elle pour garantir la sécurité des personnes et des propriétés privées. Mais le droit correspondant est celui d'exiger que les citoyens restés dans le pays envahi gardent, en ce qui concerne les événements militaires, une attitude passive, et de traiter en rebelles ceux qui commettraient des actes d'hostilité ouverte ou cachée à l'égard de l'armée occupante. M. Rolin-Jaequemyns admet donc les rigueurs contre les agresseurs non militaires, contre les espions, les guides qui égarent, émettant cependant le vœu que tous les crimes ne soient pas punis par la mort. Sans rejeter en principe ni le droit de faire des représailles sur les particuliers, ni celui de prendre des otages, il condamne néanmoins l'incendie, les amendes qu'on impose à plusieurs communes à la fois, les otages qu'on maltraite ou qu'on expose à des dangers — le tout en guise de châtiment ou de représailles. Il considère les habitants des pays occupés comme strictement neutres et passifs, mais — étrange anomalie ! — comme des neutres que l'envahisseur a le droit de surveiller, de juger et d'exécuter même pour infraction à cette neutralité.

Nous avons dit plus haut, que M. Rolin-Jaequemyns fait un devoir au vainqueur d'assurer un certain ordre dans le pays occupé. Il lui faut garantir l'administration régulière de la justice, la police, les communications, les transactions privées; en un mot, gouverner provisoirement les pays occupés. Mais il importe à l'intérêt des habitants que ce gouvernement soit civil et non militaire.

Quant à la propriété ennemie, l'auteur penche à croire que l'absence complète de réquisitions forcées serait chose recommandable. Si pourtant on lève des réquisitions, il croit que dans l'intérêt des populations occupées, il vaut mieux admettre les contributions en argent comme susceptibles d'une répartition plus équitable.

C'est ne voir en effet que le côté pratique de la question et perdre tout à fait de vue le côté juridique, qui ne peut autoriser que les réquisitions indispensables pour la subsistance de l'armée.

C'est au gouvernement local qu'incomberait naturellement le soin de veiller à la juste répartition du sacrifice entre les habitants. Nous aurons d'ailleurs occasion de traiter en détail cette grave question.

M. Rolin-Jaequemyns, d'accord avec M. Bluntschli. professe des opinions meilleures sur les prestations personnelles : il en admet quelques unes, mais déclare ,,toute injonction qui tendrait à enrôler les habitants des parties du territoire occupé au service de l'armée d'invasion, comme radicalement contraire au droit" [83]). Cette règle manque néanmoins de précision, car, comme nous le verrons, elle peut s'appliquer seulement aux opérations militaires et aux actes dirigés directement contre les concitoyens des habitants vaincus, mais non à toute sorte de services qu'un homme a droit en tout temps d'exiger de son prochain.

Enfin, pour ce qui regarde la propriété immobilière, M. Rolin-Jaequemyns, tout en reconnaissant avec M. Heffter le droit au vainqueur de disposer à titre provisoire des fruits et des revenus qu'il aura fait saisir, ne lui accorde cependant pas celui de s'approprier définitivement les biens immeubles, aussi bien ceux qui font partie des domaines de l'État, que les biens appartenant à de simples particuliers.

M. Heffter, professeur à l'université de Berlin, l'un des premiers publicistes du siècle, est par la date de ses ouvrages antérieur aux savants dont nous venons de nous occuper, la première édition de son Europäisches Völkerrecht der Gegenwart ayant paru en 1844 [84]). Néanmoins, sur les points essentiels des rapports de l'ennemi avec les habitants de la contrée envahie, M. Heffter professe des opinions beaucoup plus saines que celles de l'auteur de l'Instruction américaine et de ses continuateurs. On retrouve bien en M. Heffter le positiviste influencé encore par une jurisprudence qui a fait son

---

83) Second essai, p. 50.

84) Nous nous sommes servis pour notre travail de la 3me édition française du livre de M. Heffter, 1873.

temps, par exemple quand il approuve le butin fait pendant le pillage d'une ville[85]), mais son esprit judicieux a trouvé les principes justes qui doivent régir l'occupation militaire, point épineux, contre lequel les positivistes échouent presque toujours, la pratique sur ce point étant tellement contraire à la saine raison.

M. Heffter ne confond pas le droit avec les effets de la force. La guerre n'étant pas un état de choses normal, ne dissout les rapports régulièrement établis qu'autant que la nécessité l'exige. Accident essentiellement transitoire, la guerre suspend seulement le régime en vigueur pendant la paix; les parties belligérantes peuvent librement profiter de cet accident pour conserver les avantages gagnés par les armes; mais l'état de possession, résultant des succès de guerre, ne produit tous ses effets, que par rapport aux États belligérants: par rapport à leurs sujets au contraire dans les limites seulement de la stricte nécessité[86].

Aussi longtemps que la lutte dure, la conquête totale ou partielle d'un territoire n'a pas pour effet direct de remplacer le gouvernement vaincu par celui du vainqueur. Celui-ci ayant la force de le faire et le besoin de maintenir la possession du territoire conquis, s'assujettira l'administration du pays; pour la surveiller, il instituera un gouvernement provisoire, qui empêchera le souverain expulsé d'y exercer aucune influence; il séquestrera les domaines du gouvernement dépouillé provisoirement et de fait de ses prérogatives; il pourra tirer parti de toutes les ressources dont disposait ce dernier et qui sont d'une réalisation facile, pour se dédommager de ses pertes. ,,Mais on ne saurait prétendre que la conquête opère de plein droit une subrogation du vainqueur dans les droits du gouvernement vaincu''[87]. Ce serait confondre la simple occupation avec la prise de possession définitive. Celle-ci n'est possible qu'après

---

85) Le droit international de l'Europe, § 135.
86) Ibid., § 130.
87) Ibid., §§ 131, 185 et 186.

la victoire complète ; ce n'est qu'alors, et seulement quand le vainqueur est décidé à garder sa conquête, qu'il prendra possession du pouvoir souverain. Mais ici encore ce sont les effets de la force et non du droit qui se font jour. C'est une usurpation, un état de choses violent, qui ne pourra porter aucun préjudice aux droits du souverain précédent, tant qu'il n'y a pas renoncé ou que son rétablissement est possible. A son égard le droit de postliminie subsiste dans toute sa force, comme à l'égard de tous ceux qui se trouvent hors du territoire occupé ou qui continuent à résister au pouvoir usurpateur [88]).

M. Heffter applique ces mêmes principes à la propriété civile. L'invasion ne produit dans sa condition aucun changement : mais il est évident qu'elle ne pourra se soustraire ni aux conséquences de l'invasion, ni aux exigences du vainqueur. Les contributions et les réquisitions en sont un exemple. Les immeubles des sujets ennemis et de leur souverain restent néanmoins intacts pendant tout le temps de l'invasion et de l'occupation. Toutes les dispositions arrêtées par le vainqueur relativement à eux, n'ont aucune valeur légale, ne produisent que des conséquences de fait qui, lors de la reprise deviennent caduques, par une application du droit de postliminie. Il en est de même des domaines de l'État, quoique l'usufruit pendant l'invasion soit livré à l'occupant [89]).

On voit que M. Heffter pose de bons principes et ne les fausse pas, tout en admettant sans les discuter les pratiques basées sur le droit du plus fort en usage dans les guerres. Il les sépare. C'est tout ce qu'on est en droit d'exiger d'un positiviste.

Les autres parties du droit de la guerre sont chez M. Heffter moins satisfaisantes. Il n'accorde aux populations non appelées à la défense du pays qu'un rôle purement passif ; elles n'interviennent dans la guerre que par leurs rapports avec les troupes

---

88) Le droit international de l'Europe, §§ 131 et 185.
89) Ibid., §§ 131 II et 133.

et les souffrances qui en sont la conséquence inévitable. Le vainqueur peut prendre à leur égard les mesures de sûreté jugées nécessaires, mais il ne peut les soumettre à un traitement violent que lorsqu'elles ont commis des actes d'hostilité. Dans ce dernier cas, elles sont justiciables, soit des tribunaux ordinaires du pays, soit des cours martiales de l'ennemi. En admettant cette doctrine, que dans la suite nous aurons à combattre vivement, l'auteur aurait dû l'admettre d'une façon absolue, pour être conforme à la pratique en vigueur. Mais non, il accorde aux populations le droit de s'opposer directement aux troupes ennemies, dès qu'elles s'écartent de l'observation des lois de la guerre[90]). Chacun verra que cette règle est inapplicable.

Pour que les corps-francs jouissent des privilèges de la guerre, M. Heffter les soumet aux conditions suivantes : il faut que la levée en masse soit décrétée ou que les corps-francs puissent produire les ordres formels du chef de leur parti; qu'ils soient reconnaissables par leur nombre, ou par certains insignes, ou par des commandants militaires[91]).

M. Calvo, diplomate paraguayen, publia d'abord en espagnol, puis en français son Droit international théorique et pratique (1872), qui est l'un des monuments les plus considérables élevés à la science qui nous occupe. Il est positiviste en ce sens que son ouvrage est un immense répertoire de toute la législation internationale positive ; mais il l'explique et l'éclaircit, et souvent d'après les meilleurs principes du droit des gens naturel. Il lui arrive accidentellement d'admettre des doctrines accréditées dans la pratique sans les soumettre à un examen approfondi; mais tout compte fait, il y a chez lui un progrès considérable, si on le compare aux théoriciens de la pratique des guerres contemporaines, qui poussent jusqu'aux dernières extrémités le principe de Portalis, et dont

---

90) Le droit international de l'Europe, §§ 124 et 126 II.
91) Ibid., § 124 a.

nous avons présenté à nos lecteurs un exemple des plus modérés dans la personne de M. Rolin-Jaequemyns.

D'abord, quand on dit que la guerre se fait d'Etat à État, M. Calvo n'entend pas par ce mot les gouvernements seulement, mais pour faire valoir son droit par les armes „chaque nation, dit-il, doit avoir recours aux forces réunies de tous ses membres" [92]). Non qu'il entende par là que l'inimitié engendrée par les hostilités doive envahir le terrain personnel, mais il y a seulement solidarité absolue entre le gouvernement et la nation [93]). Cette union dure même après que le pays est envahi et occupé par l'ennemi, l'occupation n'entraînant pas le changement du caractère national des habitants, qui continuent à devoir allégeance à leur gouvernement légitime [94]). Néanmoins tant que l'occupation dure de fait, elle implique jusqu'à un certain point la possession du territoire, mais seulement en ce sens que l'occupant peut y faire exécuter ses volontés, soit par l'emploi de la force, soit avec l'aquiescement des habitants [95]). Il peut empêcher ces derniers de payer les impôts dus à leur souverain territorial, l'action des lois politiques et fiscales étant suspendue tant que dure l'occupation militaire ennemie. Jusque là rien de plus juste, mais l'auteur va, selon nous, un peu trop loin lorsqu'il accorde à l'occupant le **droit** de pourvoir à la répression des délits et des crimes, non seulement par l'entremise des tribunaux existants dans le pays, mais aussi „par les cours ou les tribunaux qu'il y installe de son chef en se prévalant de l'état de siège". Dans tous les cas, il refuse à l'occupant le droit de faire administrer la justice en son nom, cela étant la prérogative de la souveraineté, de même que de changer les lois civiles et criminelles [96]).

Selon M. Calvo, l'action des lois municipales ne devrait pas être suspendue par l'occupation, „les intérêts sociaux et

92) Le droit international, § 684.
93) Ibid., § 828.
94) Ibid., § 754.
95) Ibid., § 873.
96) Ibid., §§ 879 et 880.

individuels qu'elles régissent pouvant difficilement se trouver en conflit ou en contradiction avec les intérêts stratégiques du vainqueur" ⁹⁷). En général, une fois que les habitants ne résistent pas à l'envahisseur, celui-ci ne peut les empêcher de vaqueur librement et paisiblement à leurs occupations ordinaires, et doit même les protéger. Mais il y a des cas où la nécessité physique seule a obligé les habitants à accepter la soumission aux ordres du vainqueur. Jusqu'où doivent ils respecter ces ordres? Les premiers devoirs du citoyen étant ceux qui le lient à sa patrie, et la guerre étant une situation violente et anormale, par cela même transitoire, le vaincu conserve, à ses risques et périls il est vrai, ,,indéfiniment le droit de profiter des circonstances pour reprendre les armes, secouer le joug de l'ennemi et chercher à reconquérir l'affranchissement de sa patrie" ⁹⁸). Mais c'est là que la doctrine de M. Calvo commence à faiblir. Il condamne bien l'erreur des publicistes qui mettent le légitime soulèvement contre l'ennemi sur la même ligne que l'insurrection contre un gouvernement national régulièrement constitué; mais le voilà qui tombe dans la même erreur que ceux qu'il accuse. Au lieu d'accorder à l'envahisseur le droit, qu'il possède de par le droit naturel, de se défendre contre ceux qui l'attaquent et de les traiter en ennemis légitimes, une fois qu'il les a vaincus, puisque dans ce cas, au dire de M. Calvo lui-même, moralement il faut les reconnaître pour tels, au lieu de cela, dis-je, notre auteur reconnaît à l'envahisseur le droit de châtier ceux qui l'ont attaqués légitimement et de les châtier en leur appliquant la peine de mort et la confiscation. Si la population a l e d r o i t de se soulever, le vainqueur a l e d r o i t de la châtier, dit M. Calvo pour expliquer sa doctrine. Étrange logique que celle qui admet le droit de châtier celui qui agit de par son bon droit! ⁹⁹)

---

97) Le droit international, § 878.
98) Ibid., §§ 874 et 875.
99) Ibid., §§ 875 et 876.

Quant à la propriété en pays envahi, **M. Calvo** pose des principes dignes de notre temps. Puisque l'occupant ne détient qu'à titre précaire le territoire envahi, l'occupation n'étant pas conquête, tout transfert de territoire effectué par lui est nul et contre le droit. La propriété privée dans les guerres terrestres est exempte de capture ou de confiscation (l'auteur dit guerres terrestres, car, en positiviste qu'il est., il faut qu'il accepte la capture sur mer qui existe de fait). M. Calvo n'admet que les réquisitions absolument indispensables et pour lesquelles l'ennemi ne refuse pas une indemnité. Quant aux contributions — rançon donnée pour se garantir du pillage — elle n'a pas de raison d'être, le droit de pillage n'existant pas [100]).

On voit que la doctrine du positiviste Calvo est bien près de la doctrine idéale du droit des gens. Les travaux comme ceux de ce savant, qui oppose à la législation positive les vraies doctrines du droit des gens naturel, doivent avoir la plus salutaire influence sur les perfectionnements dont cette législation a si grand besoin. Malheureusement il y a de notre temps peu de travaux écrits dans ce sens. Les positivistes les plus exclusifs dominent et c'est tout au plus si à côté de M. Calvo on peut citer les travaux de MM. Heffter et Bluntschli qui, quoiqu'avec plus de timidité que ne l'a fait le publiciste américain, soumettent néanmoins l'ordre des choses existant à une critique plus ou moins sévère. Vers le milieu de ce siècle, il y a eu en Allemagne une tendence à s'occuper de la critique pure du droit des gens; mais les travaux que ce mouvement a produits [101]) ont exercé peu d'influence et sont aujourd'hui tout à fait oubliés. Parmi eux M. Robert de Mohl [102]) seul a envisagé le droit des gens et la manière de le traiter sous un point de vue nouveau. Mais quant au droit de la guerre, il en a touché à peine quelques

---

100) Le droit international, §§ 886, 895, 904, 905 et 906.

101) De Kaltenborn, de Pütter, de Bulmerinq (professeur à Dorpat), cités par feu Katchénovsky, Курсъ международнаго права (Cours de droit international), Kharkof, 1863, t. I, p. 2.

102) Staatsrecht, Völkerrecht und Politik, Tübingen, 1860, t. I, p. 579 et suiv.

points particuliers. Nous mentionnerons ses opinions dans la suite à leur place.

Quant au droit des gens naturel pur et simple, il n'a été traité dans notre siècle que par un nombre fort limité de savants. Il y a cependant deux auteurs qui se firent dans cette sphère d'études des noms européens et qui, tous deux, appartiennent à des contrées méridionales de l'Europe, dans lesquelles on ne s'incline pas autant devant le principe de l'autorité établie que c'est généralement le cas dans nos pays du Nord. Nous voulons parler du Portugais Pinheiro Ferreira, dont les écrits datent des années 1830 et suivantes, et de l'Italien Fiore, notre contemporain.

Silvestre Pinheiro Ferreira, professeur à l'université de Coïmbre, est le premier jurisconsulte libéral de son pays. Il a publié, outre ses nombreux ouvrages de droit en portugais, deux ouvrages français intitulés Cours de droit public interne et externe, 1832, et Principes du droit public constitutionnel, administratif et des gens, 1834. C'est dans ces deux ouvrages, de même que dans ses célèbres commentaires sur Vattel et Martens qu'il a consigné ses principes sur le droit des gens.

Pinheiro Ferreira peut être considéré dans notre siècle comme le père de cette tendance libérale qui attaque sans ménagement les erreurs du droit international erigées en loi et propose pour les remplacer ce qu'il croit être la vérité — tendance qui, comme nous l'avons vu, s'est reflétée même sur la science positive du droit des gens. Aussi, nonobstant bien des égarements et bien des exagérations, a-t-il souvent frappé juste et a définitivement condamné beaucoup d'iniquités.

Il est singulier cependant que le fond de sa doctrine soit erroné. Il sépare complètement la nation de son gouvernement et déclare que la guerre n'a lieu qu'entre les gouvernements et non entre les nations. Plus les conséquences d'une résolution sont graves, plus il est nécessaire que celui qui doit en être responsable puisse avoir agi en connaissance de cause, ce qui n'arrive pas chez les nations, qui dans les guerres supportent généralement bien au delà de leur volonté [103]).

Cette doctrine est insoutenable. Dans l'État moderne, qu'est-ce que le gouvernement si ce n'est le pouvoir central issu de l'organe de la souveraineté nationale? C'est la nation elle même qui décide si la guerre se fera ou non et c'est elle qui en portera les conséquences. Comment donc dire qu'il n'existe pas de solidarité entre la nation et son gouvernement?

Pinheiro Ferreira évite cette anomalie en faisant de la nation une puissance parallèle au gouvernement et qui, une fois convaincue de l'injustice de l'invasion, peut aussi de son côté lui résister [104]). Mais c'est un cas exceptionnel et les hostilités ordinaires doivent se borner aux moyens dont le gouvernement ennemi peut disposer pour mener la guerre. Le but de celle-ci n'est pas détruire les forces de l'ennemi, mais les paralyser [105]). Nous aimerions mieux dire, pour que cela soit tout à fait juste, que le but de la guerre n'est pas de paralyser les forces de l'ennemi, mais que c'est seulement en paralysant ces forces qu'on peut atteindre son but, qui est le rétablissement du droit.

Pour paralyser les forces de l'ennemi, Pinheiro Ferreira croit suffisant:

1) de mettre le personnel de son armée hors de combat;

2) de lui rendre inutiles ses munitions et bagages;

3) de séquestrer ses ressources pécuniaires pour la continuation de la guerre et de les tourner à son propre avantage.

On atteind complètement ce but par l'occupation du territoire ennemi; mais c'est tout ce qui est permis. ,,Toute sévérité, toute exaction exercée contre les habitants paisibles, tout ce qui ne serait pas absolument nécessaire pour fournir dans une juste proportion aux besoins indispensables de notre armée, serait aller au-delà des droits de la guerre'' [106]).

---

103) Principes du droit public, 26e entretien, et la note au liv. III, § 1 de Vattel.

104) Note au liv. III, § 61 de Vattel.

105) Principes du droit public, 26e entretien.

106) Cours de droit public, t. II, p. 409 et suiv.

Pinheiro Ferreira exige de l'occupant ennemi les mêmes égards pour les personnes et les fortunes des habitants que s'il n'y avait pas de guerre entre les deux pays. Il va plus loin, et beaucoup trop loin selon nous, en prétendant que l'ennemi doit même autant que possible alléger aux habitants les charges qui pesaient sur eux en temps de paix, encourager l'industrie, ce qui lui assurerait les moyens de continuer la guerre aux dépens de son ennemi, aussi longtemps que celui-ci ne voudrait point se prêter à une paix honorable [107]).

Nous avons vu le savant portugais admettre le droit de la population à combattre l'invasion. Nous le verrons maintenant accorder le même droit aux habitants du pays occupé militairement par l'ennemi. Celui-ci attaqué par les habitants n'a que le droit de juste défense : il peut pour éviter l'attaque prendre tous les moyens de précaution nécessaires, pourvu qu'il n'offense pas les droits de ceux qui ne lui ont pas encore manqué ; et l'attaque une fois consommée, il ne peut que les traiter en belligérants ennemis, qui, vaincus, sont prisonniers de guerre. ,,Le conquérant n'a pas à punir comme coupables ceux qui, conquis par les armes, ont tâché de repousser la force par la force‘‘ [108]). Nous ne pouvons que souscrire sans réserve à ces excellents principes.

C'est aussi Pinheiro Ferreira qui a établi les vrais principes sur les représailles, déjà pressentis par Hugo Grotius, mais méconnus par ses successeurs. ,,Il y a injustice et immoralité à rendre quelqu'un responsable des méfaits d'un tiers‘‘ [109]): voilà le précepte qui par sa justesse incontestable tranche la question. Mais pour quelqu'un qui ne sépare pas la nation du gouvernement et croit au contraire à leur solidarité, ce principe est incomplet. Pour le compléter, il faut démontrer où gît cette solidarité. C'est ce que fera, comme nous le verrons tout à

---

107) Cours de droit public, t. II, p. 95.
108) Note au liv. III, § 228 de Vattel.
109) Note au liv. III, § 347 de Vattel.

l'heure, M. Fiore, et sa définition s'appliquera parfaitement à la doctrine de Pinheiro Ferreira sur les représailles.

M. Fiore, professeur à l'université de Pise, est auteur d'un Nouveau droit international public suivant les besoins de la civilisation moderne, dont M. Pradier-Fodéré a publié en 1869 une traduction française. Sur la plupart des points fondamentaux du droit de la guerre, nous ne pouvons pas être d'accord avec ce publiciste italien ; mais quant à la question de la solidarité des sujets avec l'État, il l'a résolue selon nous de la façon la plus satisfaisante.

D'abord, il considère l'individu sous le double aspect d'homme et de citoyen : distinction tout à fait juste et qu'on ne faisait guère assez ressortir avant lui. Dans le citoyen, il distingue aussi entre la personne collective (ut universitas) et sa propre autonomie (ut singuli). La différence des droits et des devoirs des citoyens considérés sous ces deux rapports consiste en ce que, comme membre de la personnalité collective, tous les droits et devoirs ne peuvent être portés par eux que collectivement. D'où il suit, d'accord avec le principe du Digeste, que ce qui est dû par un corps ou par une société n'est pas dû par chaque membre qui compose cette société [110]). Cette doctrine tout à fait juste selon nous, s'applique aussi aux représailles : ce n'est que sur le coupable qu'on pourrait faire peser la rétorsion ; or le coupable ne peut être que la personne collective de l'État. L'individu, en sa propre autonomie, ne peut être responsable que de ses propres fautes.

La guerre, continue M. Fiore, se fait d'État à État et pour un but public. L'État a une personnalité distincte de celle de l'individu ; il a une fin spéciale — celle de régler les conditions de la vie nationale — qui est en harmonie avec la fin particulière des individus. Ceux-ci doivent fournir à l'État les moyens nécessaires pour arriver à ce but et quelquefois recourir eux-mêmes aux armes pour défendre l'État. Le citoyen ayant

110) Digeste, liv. III, tit. IV, l. 7, § 1, cité par Fiore, Nouveau droit international, t. II, p. 264.

úne existence juridique bien distincte de celle de l'État, ne peut être responsable des actes de celui-ci. Il faut qu'il contribue aux dépenses nécessaires et supporte les charges de la guerre, mais en proportion et comme partie de la communauté. Il n'a cette obligation qu'envers l'État et non envers les intéressés, ,,qui auront droit d'agir contre l'État pour le payement de la dette, et non contre les particuliers qui ne sont pas responsables des dettes contractées par l'État.‘‘ L'ennemi ne peut donc agir contre les particuliers qu'autant qu'ils sont combattants [111]).

Mais pourquoi les citoyens, qui doivent fournir à l'État les moyens de sauvegarder leur indépendance et par conséquent payer pour ce but non seulement de leur fortune, mais aussi de leur personne, ne peuvent-ils combattre que dans les rangs de l'armée régulière, comme le dit M. Fiore? [112]) Généralement cela sera bien le cas; il serait même désirable que l'on n'eût recours à la guerre irrégulière que dans les cas les plus extrêmes, par respect pour les sentiments d'humanité : mais il est incontestable qu'il y a des cas où une levée en masse est une nécessité et un devoir, comme le seul moyen de sauver l'indépendance de la patrie.

Il y a inconséquence dans l'opinon suivante de M. Fiore. Il déclare d'abord que le citoyen n'a que l'obligation de fournir à l'État les frais de la guerre et non de satisfaire aux prétentions des intéressés ; comment se fait-il qu'il soutienne ensuite que l'ennemi occupant un pays a droit, pour se dédommager des frais de la guerre et affaiblir les ressources de l'adversaire, non seulement de lever sur les habitants les contributions qu'ils devaient payer à leur gouvernement, mais aussi de grever la propriété immobilière privée de contributions extraordinaires pour les besoins extraordinaires de la guerre [113])?

---

111) Nouveau droit international, t. II. p, 268.
112) Ibid., t. II, pp. 269, 271 et 275.
113) Ibid., t. II, p. 305.

Le vainqueur qui occupe un territoire ennemi, peut y laisser subsister le statu quo en établissant un gouvernement militaire ou bien y créer un gouvernement provisoire. Ce sont les besoins de la guerre qui l'autorisent. Mais M. Fiore accorde à l'occupant, selon nous, une latitude beaucoup trop grande dans la jouissance de ce droit : il consent qu'il exerce provisoirement les droits de la souveraineté et les prérogatives royales [114]). Personne ne pourra prétendre et M. Fiore moins qu'un autre, lui qui n'admet en aucun cas la conquête comme le but possible d'une guerre [115]), que pour faire triompher son droit on puisse aller plus loin que réduire l'adversaire à l'impuissance. Or, pour arriver à ce but, il n'est pas nécessaire de s'approprier des droits d'autrui, il suffit, tant que satisfaction n'est pas donnée, de les séquestrer provisoirement et cela de façon que les limites de la stricte nécessité ne soient pas franchies et que le fardeau des privations imposées ne retombe autant que possible que sur les personnes responsables et autant qu'elles le sont réellement. Poser des principes qui permettraient la réalisation d'un tel état de choses sera la tâche du chapitre suivant.

---

114) Nouveau droit international, t. II, p. 305.
115) Ibid., t. II, p. 245.

Chapitre II.

Partie générale.

Il a été déjà question de l'harmonie théoriquement possible
des lois innées qui régissent la vie autonome d'un État avec les lois
indispensables pour que les rapports internationaux se développent
naturellement. Cette harmonie existe même dans la réalité, tant que
l'imperfection des hommes ne l'altère pas. Les peuples civilisés
acquièrent de plus en plus la conviction que l'état normal pour
eux est l'état de paix [1]), et c'est dans la prévision de la paix
que se met en mouvement toute leur activité sociale et économique [2]).
Mais comme les hommes sont imparfaits, sujets à toute sorte de
passions, mus par des intérêts égoistes, souvent même mal
compris, il en résulte que cette harmonie des lois innées de la
vie autonome des États d'une part et de la coexistence des
nations de l'autre est troublée et la paix l'est avec elle.

Il y a toujours, au fond de chaque guerre, lésion du
droit d'un autre. Ce n'est que pour rétablir le droit lésé et
rentrer stablement dans l'état normal de la paix que la guerre
peut être envisagée comme légitime [3]). La guerre en elle-même

---

1) Pufendorf, lib. VIII, cap. VI, § 2. Phillimore, t. III. ch. I, § 1.
Laurent, Histoire du droit des gens, t. I, p. 8.

2) Bésobrasof, Война и революція (Guerre et révolution,
Moscou, 1873, t. I, p 36.

3) Cicéron, cité par Calvo, t. I, p. 3. Wolff, liv. IX, ch. VIII,
§ 4. Martens, liv. VIII, ch. 4. Instruction américaine, § 16.
Calvo, § 886.

est néanmoins un mal si terrible, elle entraîne à sa suite tant de malheurs et de perturbations, que l'on ne peut avoir recours à elle que dans des cas extrêmes, quand le droit qui a été violé est essentiel, indispensable à la vie de l'État et après qu'on a épuisé tous les moyens pacifiques d'arriver à un arrangement. En un mot, il faut y être forcé: autrement la guerre n'est pas juste [4].

Ce n'est pas pour un droit acquis par convention et qui n'est pas vital pour l'existence de l'État qu'une guerre peut être légitimement faite [5]. De même, le droit des gens condamne toute guerre faite pour une idée [6], toutes ces guerres de civilisation, qui ne servent qu'à en imposer certaines formes et quelquefois rien que les formes de ce qu'un peuple croit dans un moment donné être la vraie civilisation. Ce n'est pas par la force brutale que l'on peut devenir un apôtre.

Une guerre n'est pas juste non plus quand elle se fait pour un intérêt, quelque grand qu'il soit [7]. Déjà Grotius l'a reconnu en disant que ,,l'utilité ne donne pas le même droit que la nécessité'' [8]. On ne peut faire la guerre à un État que pour le forcer à rétablir un droit essentiel à nous ou à notre allié [9]; il faut que la guerre ne s'adresse qu'à celui qui en est réellement responsable. Il est donc impossible de faire essuyer à un

---

4) Klüber, § 237. Pinheiro Ferreira, **Principes**, 26e entretien. Calvo, § 688.

5) Fiore, t. II, p. 245.

6) Bésobrasof, t. I, p. 102.

7) Montesquieu, **De l'esprit des lois**, liv. X, ch. 2. Vattel, liv. III, § 1. Klüber, § 231. Heffter, § 113. Bésobrasof, t. I, p. 203.

8) **De jure belli ac pacis**, lib. II, cap. XXII, § 6. Pufendorf dit aussi: ,,Pour ce qui est de l'utilité toute seule, il faudrait être bien impudent pour prétendre qu'elle donne sur le bien d'autrui le même droit que la nécessité; d'autant mieux qu'il serait au fond très inutile au genre humain de permettre à chacun d'enlever à autrui tout ce qui l'accomode et qu'il trouve à sa bienséance, puisque les autres à leur tour s'attribueraient la même liberté à son égard.'' **Le droit de nature et des gens**, traduction de Barbeyrac, liv. VIII, ch. VI, § 5.

9) Pinheiro Ferreira, note au liv. III, § 335 de Vattel.

État les malheurs d'une guerre, si lui-même n'en est pas la cause: or ce serait le cas si l'on pouvait combattre afin de conquérir des avantages nouveaux, ou bien si l'on se servait de la guerre comme d'un moyen indirect pour atteindre un tout autre but.

Quand nous disons que la guerre ne peut s'adresser qu'à celui qui en est responsable, nous sommes bien loin d'admettre que l'État offensé ait le droit de châtier l'État offenseur. Ce dernier doit rétablir ce qu'il a violé; le premier a le droit de l'y forcer. Mais la satisfaction complète étant donnée et de façon qu'il n'y ait plus de danger imminent que l'acte injuste se renouvelle, la partie offensée doit cesser les hostilités [10]; si elle continue, le bon droit passe à son adversaire, qui était jusque là le belligérant injuste [11]. Admettre qu'un belligérant juste a le droit de châtier son adversaire coupable — quand même il y aurait moyen de constater irréfutablement cette culpabilité — serait méconnaître l'un des principes fondamentaux du droit des gens: celui de l'égalité des États [12].

Ce principe est basé sur une loi qui découle de la nature même de l'État: celui-ci ne peut exister et atteindre son but qu'en tant qu'il jouit d'une autonomie entière, d'une souveraineté parfaite. Ce n'est qu'à cette condition que l'État, le lien de toutes les personnalités qui forment la nation et le régulateur de toutes les conditions de leur coexistence, peut agir d'accord avec les véritables besoins de la nation, avec laquelle il ne forme qu'un organisme. Si un État trouvait dans un autre État un supérieur, un juge, il ne pourrait mener qu'une existence précaire, agir souvent plus dans les intérêts d'autrui que dans les siens propres, comme cela se voit chez les États mi-souverains, bien entendu quand ils le sont de fait et non seulement de nom. Aussi un tribunal permanent d'arbitrage pour juger des différents

---

10) Fiore, t. II, p. 240: „la guerre est un acte extrême de légitime défense . . . elle ne peut jamais sortir des limites de la légitime défense . . .“ Comparez aussi Klüber, § 233.

11) Grotius, lib. III, cap. I.

12) Ahrens, Naturrecht, t. II, p. 49. Calvo, § 684.

des États entre eux ne pourrait surgir que de l'accord réciproque de ces États, tant que le monde n'est pas transformé en une vaste confédération, avec un pouvoir central. Mais dans ce cas même ce ne serait plus une communauté d'États indépendants, mais plutôt, comme aux États-Unis d'Amérique, un seul État, avec une plus grande autonomie provinciale de ses différentes parties. Nous ne voulons pas dire par là qu'un pareil tribunal d'arbitrage soit condamnable; au contraire, comme institution conventionnelle, il pourrait souvent éviter de grands malheurs, mais, nous le répétons, dans l'état actuel des choses, il ne peut être considéré comme la conséquence naturelle de l'ordre qui règne dans le monde.

D'ailleurs, malgré tout ce qu'il y a de terrible et d'inhumain dans la guerre, il n'est pas prouvé, que pour l'avantage d'en être délivré (avantage encore très peu sûr, quand on songe aux guerres civiles), il soit sage de sacrifier l'indépendance intérieure des peuples si différents entre eux, pour les soumettre tous à un seul pouvoir central. C'est plutôt par la civilisation toujours croissante au sein des nations modernes, par la juste compréhension qu'elles auront de leurs propres intérêts, le plus souvent hostiles à la guerre, qu'elles parviendront à la rendre de plus en plus rare. Mais de là à un état de paix perpétuel, il y a loin. Le passé, dans tous les temps et dans toutes les contrées, semble donner raison à ceux qui doutent de la possibilité de cet état idéal. On peut cependant leur opposer le fait que l'histoire jusqu'à ce jour ne présente pas l'exemple d'un pays qui, ayant atteint l'apogée de la civilisation, ait été entouré de voisins aussi développés que lui moralement, intellectuellement et matériellement. Certes, cet apogée de la civilisation n'est pas encore atteint, mais ce qui distingue notre époque de toutes les autres, c'est précisément cette similitude de civilisation et d'intérêts qui lie les peuples européens entre eux. Plusieurs savants contemporains découvrent dans ce fait les germes d'une paix perpétuelle: les uns [13]) les voient, comme

____

13) Fiore, partie II, ch. 6.

nous l'avons indiqué, dans la transformation du système politique des États européens en une confédération ; d'autres [14]) croient que la paix stable n'est possible qu'avec l'indépendance et la réunion en un État de chaque nationalité, principe contre lequel viendraient se briser toutes les formes historiques arbitraires, qui, selon eux, enchaînent la société; enfin d'autres encore [15]), et ce sont eux qui méritent le plus d'être écoutés, entrevoient la plus sûre garantie de paix dans la divulgation plus grande des lumières et dans les conditions économiques qui, même dans notre système politique, se transforment toujours dans un sens hostile à la guerre.

Quoi qu'il en soit, aujourd'hui il faut encore compter avec la guerre, chose réelle, chose qui existe. C'est la tâche du droit des gens de la régler et de lui indiquer les limites qu'elle ne doit pas dépasser.

---

14) Katchénovsky, t. I, p. 89. Voir aussi Mancini, Della nationalita, come fondamento del dritto delle gente, et Mamiani, D'un nuovo dritto europaeo.

15) Bésobrasof, t. I, p. 32 et suiv. M. Bésobrasof part du principe que les grands événements de l'histoire ne se produisent pas seulement par la force brutale, mais surtout par les forces morales, intellectuelles et économiques, et cela à mesure que la civilisation et les idées se transforment. Malgré tous les éléments de guerre qui semblent aujourd'hui dominer le monde, l'académicien russe découvre plus que jamais des éléments de paix moraux et matériels (Voir du même auteur le mémoire publié en russe et en français: De l'influence de la science économique sur la vie de l'Europe moderne, St. Pétersbourg, 1867). Autrefois la guerre était l'une des conditions essentielles de l'existence des États et du progrès historique. Jusque dans le XIXe siècle, la guerre semblait être chose normale; mais aujourd'hui elle n'est plus, dans la conscience des peuples, qu'une perturbation passagère, qu'une crise maladive, la règle générale étant l'état de paix. C'est dans la supposition de la paix comme état normal, que les rapports sociaux et économiques des hommes se sont constitués: la science sociale moderne ne peut le comprendre autrement. C'est la littérature et le commerce — les deux liens les plus forts qui unissent les peuples européens — qui doivent dans leur intérêt employer toutes les forces en faveur de la paix. M. Bésobrasof appuie ces considérations par beaucoup d'exemples puisés dans l'histoire contemporaine.

L'ensemble des lois et des usages concernant la guerre est désigné généralement par le nom de l o i d e l a g u e r r e. Les différents réglements sur les prises, le butin et autres pratiques plus ou moins barbares de la guerre sont disséminés dans les législations des différents États. Heureusement, elles ont perdu en partie leur efficacité, le plus grand nombre de ces pratiques n'étant plus usitées de nos jours. Les traités européens de ce siècle contiennent quelques lois salutaires, comme la reconnaissance de la neutralité des blessés, du personnel et du matériel nécessaire pour les soigner, et la prohibition de l'emploi des petites balles explosibles. Tout le reste est livré à l'usage, qui est bien inférieur à ce qu'on oserait espérer de la pratique de notre siècle. Nous avons eu occasion de nous en convaincre en analysant l'Instruction américaine, qui en reproduit assez fidèlement les principes.

Notre tâche est de rechercher la vérité seule, ne conserver de la pratique que ce qui nous paraît juste et rejeter tout ce qui est faux ou inique.

La première question qui se présente sur notre chemin est celle de savoir de quelle source naît le droit de déclarer et de faire la guerre. Tous les publicistes sont d'accord à reconnaître que c'est une prérogative de la souveraineté [16]). La souveraineté étant la faculté de décider de ses actions librement et en dernier ressort, il faut pour qu'une guerre soit légitime que tous les belligérants soient investis de cette souveraineté de droit ou de fait [17]). De fait, dans le cas où la guerre se fait entre un État et un pirate qui, ne relevant de personne, agit de par sa propre autorité [18]). Puisque le droit des

____

16) Voir entre autres Vattel, liv. III, ch. 1 et 2. Klüber, § 236. Wheaton, Éléments, 4e partie, ch. I, § 5.

17) Ahrens, Cours de droit naturel, 6e édit. française, t. II,, p. 516. Heffter, § 114.

18) On admet généralement que dans une guerre avec un pirate l'autre belligérant a le droit d'user contre lui de tous les moyens et même de l'exterminer. Sans doute, le but d'une pareille guerre sera toujours l'anéantissement de la puissance militaire du pirate; mais quant

gens n'admet pas de guerre pour un intérêt privé, il ne peut exister de guerre entre dés personnes privées, ou entre un État d'un côté et un sujet d'un autre État de l'autre [19]). En règle générale on peut donc établir que la guerre n'est possible qu'entre des communautés politiques indépendantes, dans lesquelles réside la souveraineté nationale.

Mais que faut-il entendre par souveraineté nationale? C'est la souveraineté attachée à tous les membres d'une nation pris collectivement en tant qu'ils forment la base de l'État. La souveraineté nationale n'est pas attachée aux hommes qui agissent dans un intérêt personnel, mais aux citoyens unis organiquement entre eux en vue d'une action sociale et politique commune; elle est attachée à l'État dans la personne collective de ses membres en tant qu'ils sont citoyens.

Cette souveraineté nationale pour n'être pas une simple fiction a besoin d'être représentée par un pouvoir qui ait la faculté d'agir. Dans les monarchies, c'est le souverain qui en est le dépositaire. Mais le souverain de son côté, qu'il soit absolu ou constitutionnel, n'agit pas seul; il passe ses pouvoirs à des personnes qu'il choisit pour agir en son nom et c'est l'ensemble de ces fonctionnaires qui forme l'institution appelée le g o u v e r n e m e n t.

M. Ahrens distingue le gouvernement de la législation et du pouvoir exécutif, qui de son côté se sépare en deux fonctions — la fonction judiciaire et la fonction administrative. Selon le même auteur la tâche du gouvernement est ,,de veiller aux intérêts généraux et permanents du pays; de se maintenir, tout en s'appuyant sur la majorité, au dèssus des partis et de leurs passions; de diriger et de contrôler l'administration pro-

---

à sa personne, Grotius a déjà compris qu'elle ne peut être mise hors la loi. Ne dépendant d'aucun État organisé, un pirate, en empiétant sur les droits naturels des nations, devient justiciable de l'humanité entière et peut, par conséquent, être jugé par tout tribunal qui donne des garanties suffisantes d'équité (Voir Wheaton, É l é m e n t s, t. I, p.134; t. II, p. 100). Bref, un pirate désarmé, comme tout autre homme, ne perd pas sa personnalité humaine et doit être traité en conséquence.

19) Phillimore, t. III, ch. IV, § 49.

prement dite, sans descendre dans les détails, et en laissant aussi une certaine latitude d'action aux organes auxquels les affaires sont confiées; de reconnaître la nécessité de maintenir ses vues et toute sa politique intérieure et extérieure en contact et en accord avec les besoins et les intérêts généraux, tels qu'ils s'expriment par la voix publique de la presse et les organes représentatifs, et de régler toute sa conduite sur les principes de la constitution et sur les lois, pour donner au pays l'exemple du respect des lois et de la confiance morale dans un ordre régulier et paisible de développement" [20]).

C'est aussi ce gouvernement supérieur, qui, dans des circonstances régulières, ,,a seul qualité, comme le dit M. Calvo, pour déclarer la rupture des rapports pacifiques et engager les forces vives de la nation dans la poursuite de la guerre" [21]). Mais n'oublions pas que ce gouvernement, aussi bien que le chef de l'État, agit non comme propriétaire, mais comme dépositaire de la souveraineté nationale [22]). C'est donc dans la nation elle-même que se trouve la source du droit de faire la guerre. Aussi, une fois que le représentant de la souveraineté nationale n'existe plus ou qu'il est séparé de la nation de façon que leur action commune ne soit plus possible, la nation reste seule investie de la souveraineté et elle seule a le droit de la transmettre à un nouveau pouvoir [23]).

---

20) Cours de droit naturel, t. II, p. 427.

21) Droit international, § 716. Pinheiro Ferreira (note au liv. III, § 4 de Vattel) est d'opinion que le droit de décréter la guerre appartient à la puissance législative de l'État et le droit de la faire au pouvoir exécutif.

22) Ahrens, Cours de droit naturel, t. II, p. 364, dit ,,la souveraineté nationale est exercée directement par la nation dans les démocraties; dans les monarchies elle est représentée effectivement par le monarque, sans cesser de compéter aussi virtuellement à la nation".

23) Il est intéressant de rappeler que Pierre-le-Grand, malgré ce qu'il avait d'absolu et de despotique dans le caractère, a parfaitement compris cette vérité, lorsque cerné par les Turcs sur les bords du Pruth, il fit dire au sénat que s'il était pris par l'ennemi il cesserait d'être le monarque de la Russie et que ce corps d'État devrait lui choisir un successeur.

Il n'est pas nécessaire que tous les membres qui forment un État soient réunis pour que la souveraineté nationale réside dans leur communauté. Dans les guerres surtout, il arrive souvent qu'une province se trouve détachée momentanément du corps de l'État. La souveraineté nationale qui est toujours une et entière, qui n'est pas susceptible de morcellement, peut cependant se multiplier autant de fois que les besoins de la vie nationale le demandent : par conséquent, la province séparée de l'État a en elle, pourvu qu'elle contienne une communauté de citoyens, la faculté d'une entière souveraineté nationale et peut provisoirement, aussi longtemps que les circonstances l'exigent, investir un gouvernement provisoire de cette souveraineté. De là nait le droit de la guerre nationale, qui survit à l'anéantissement du chef de l'État et du gouvernement qui provenait de lui; de là naît également pour une contrée, privée momentanément de communications avec son gouvernement central, le droit de s'organiser de par sa propre autorité et de mener soi-même les hostilités [24]).

Mais puisque la souveraineté nationale appartient à la nation comme personne collective, chaque membre de la nation pris à part ne peut en être le porteur, s'il n'est pas, comme le souverain, spécialement désigné pour en devenir la personnification. Aussi, le simple particulier ne peut de son autorité privée, le cas de la défense personnelle excepté, faire la guerre et il lui faut l'autorisation de son gouvernement national pour commettre des hostilités contre un ennemi public [25]).

La souveraineté nationale étant la source du droit de faire la guerre, il ne s'en suit pas que la guerre doive se faire de nation à nation. Si la souveraineté nationale était un attribut de la nation envisagée dans toutes les phases de son activité, cela serait bien le cas; mais nous avons vu que le domaine de

---

24) Grotius, lib. I, cap. III, §§ 4 et 5. Rolin-Jaequemyns, L a guerre actuelle, p. 25.

25) Wolff, liv. IX, ch. VIII, § 25. Vattel, liv. III, § 223. Martens, § 264. Phillimore, t. III, ch. VII, § 92. Bluntschli, § 570a. Calvo, § 838.

la souveraineté nationale est la nation en tant qu'elle est la cause de l'État. C'est parce qu'on méconnaît ce principe que l'on tombe dans les théories absolues de la guerre de nation à nation ou d'État à État, funestes exagérations qui de tout temps ont centuplé les horreurs de la guerre.

Ainsi, la pratique et la théorie des siècles précédents opposaient dans la guerre des nations tout entières les unes aux autres et étendaient à la communauté aussi bien qu'à chaque individu pris à part le caractère le plus absolu d'ennemi. Ne reconnaissant en même temps qu'au souverain le droit de déclarer et de faire la guerre, les actions des sujets des États en guerre étaient soumises à la volonté de leurs souverains respectifs ; mais l'autre belligérant avait le droit de traiter en ennemi tous les membres de l'État, son adversaire, sans faire de distinction entre les combattants ou les non-combattants, la propriété publique ou la propriété privée.

Cette manière de voir a été dès le début de notre siècle radicalement transformée par le principe de Portalis, dont il a été déjà question. La guerre devint une relation d'État à État, et non plus d'individu à individu. Ces derniers ne sont ennemis ni comme hommes, ni comme citoyens, mais seulement comme soldats.

Nous n'hésitons pas à déclarer fausses l'une et l'autre de ces doctrines. Elles ne sont pas conformes aux rapports qui naissent naturellement de l'état de guerre. Les conséquences pratiques de ces théories souvent sont forcément injustes et iniques. Effectivement, en considérant les nations belligérantes comme ennemies dans le sens le plus absolu du mot, rien ne pourrait être épargné dans la guerre si la destruction était profitable et nous avons vu un vieux publiciste considérer chaque mal fait à l'ennemi comme contribuant à son affaiblissement, utile par conséquent à la cause de celui qui le commet. Et ce publiciste n'était que l'écho des opinions qui régnaient de son temps dans la pratique.

Le principe de la guerre entre États, tel que l'a posé Portalis, et tel qu'il est le plus souvent compris aujourd'hui, tend

à faire de la guerre un rapport entre gouvernements. Pinheiro
Ferreira l'a exprimé de la manière la plus nette[26]. Ce serait
juste, si les raisons de guerre étaient des disputes, des malenten-
dus, des intérêts concernant exclusivement l'administration de
deux ou de plusieurs États; mais le droit des gens réprouve
absolument la guerre faite pour des questions relativement d'une
aussi minime importance, tout comme il ne l'admet pas pour des
intérêts privés. La guerre ne peut se faire — nous l'avons
déjà constaté — que pour un droit essentiel d'une nation. Et
dans les litiges pour un droit de cette nature, il est évident
que la nation entière est au plus haut point intéressée. Il y
va quelquefois de son indépendance, de son existence même,
et c'est à elle de ne négliger aucun moyen licite pour faire
triompher son droit. En règle générale, c'est au gouvernement
qu'elle abandonne le soin de mener la guerre avec les ressources
qu'elle lui fournit. La guerre n'est cependant pas un simple
jeu, dans lequel deux adversaires s'opposent mutuellement un
certain nombre de combattants qui agissent les uns contre les
autres d'après certaines règles convenues, et la chance ayant
tourné en faveur de l'un des partis, l'autre doit se soumettre.
Dans la réalité, il en est tout autrement: le but de la guerre
n'étant atteint que par l'entière satisfaction du droit pour lequel
on combat, la guerre elle-même ne peut s'éteindre avec l'épuise-
ment des ressources dont dispose le gouvernement. Celui-ci
est quelquefois anéanti, il n'existe plus, mais la nation, en
possession entière de sa souveraineté, est là encore pour faire
triompher ses droits et sauver son indépendance. Personne ne
peut lui nier ce droit, qui est un droit inné, celui de sa propre
conservation. Il est évident que la lutte ne peut être poussée
à cette extrémité que dans ce cas là seulement: le cas de sa
propre conservation, sous quoi il faut entendre aussi l'entière
indépendance de la nation et de sa souveraineté. Après tout
ce que nous venons de dire, il sera aisé de comprendre que le

---

26) Principes du droit public, t. II, 26e entretien, et notes
au liv. III, §§ 1 et 61 de Vattel.

principe de Portalis poussé à ses conséquences logiques est tout à l'avantage de l'envahisseur et sacrifie souvent le bon droit de la nation qui fait une guerre juste. Aussi M. Droop l'a-t-il judicieusement observé, que les mêmes États ont souvent fait appel à l'un ou à l'autre des principes, à celui qui approuve la guerre nationale ou à celui qui la condamne, selon que leur intérêt du moment réclamait l'un ou l'autre [27]).

Quand Portalis dit, que le particulier n'est pas même ennemi comme citoyen — et c'est là qu'est toute l'erreur de sa doctrine — il est démenti par les rapports mêmes qui naissent naturellement de l'état de guerre et il est étonnant que les publicistes, qui acceptent son principe, ne s'en soient pas apperçus. En combien de circonstances la nature même de la guerre n'autorise-t-elle pas un belligérant à priver de sa liberté le sujet de l'État ennemi, en tant qu'il est citoyen de cet État et qu'il pourrait augmenter sa force par le versement des impôts, par son enrôlement dans les rangs de l'armée, etc. Il est donc évident que l'habitant du pays ennemi, en tant que citoyen, est ennemi et peut être traité comme tel dans la mesure de la stricte nécessité. Mais il ne faut pas non plus oublier, comme M. Heffter l'a si bien exprimé, que ,,la seule condition d'ennemi ne justifie pas des procédés violents'' [28]).

De tout ce qui précède, il résulte que la guerre se fait en effet entre États, mais seulement si l'on comprend sous le nom d'État tout le côté public de la vie nationale; il n'y a que son côté privé qui soit en dehors des hostilités.

Le côté public de la vie nationale consiste dans les pouvoirs du chef de l'État, dans le gouvernement supérieur qui procède de lui, dans la représentation nationale ou le pouvoir législatif, dans la justice et l'administration ou le pouvoir exécutif, enfin dans les diverses associations et les simples particuliers qui vivent dans l'État — ces derniers en tant qu'ils ont des obli-

---

27) On the relations between an invading army and the inhabitants, p. 719.

28) Le droit international de l'Europe, § 126, III.

gations envers l'État et qu'ils contribuent à son activité par des prestations personnelles ou matérielles.

Le côté privé de la vie nationale est chez ces mêmes personnes tout ce qui ne tend pas à satisfaire les besoins de la communauté entière de l'État et ce qui, laissé à l'initiative privée, ne subit l'autorité de l'État qu'en tant que cela regarde les autres associations ou les autres personnes. Le gouvernement lui-même a un côté privé, celui qui est destiné à satisfaire ses propres besoins; et ce côté là est également en dehors des hostilités dans les parties de son contenu qui ne sont pas de nature à augmenter les forces militaires de l'État.

Les associations particulières et les simples individus vivent librement, en règle générale, car ils décident eux-mêmes en dernier lieu d'une foule de questions qui les concernent. Ils fournissent néanmoins à l'État une grande partie de ses ressources et les hommes paient de leur personne en le servant et en le défendant. Les impôts, ainsi que la participation directe ou indirecte au gouvernement du pays, enfin le service militaire forment tout le côté public du sujet de l'État. C'est en portant ces charges et en exerçant ces fonctions qu'il est citoyen et ce n'est que sous ces rapports qu'il est mêlé aux hostilités. Dans tout le reste, il est simple particulier, personne privée, à laquelle l'ennemi ne peut demander que les services qu'en tout temps chaque homme a droit d'attendre de son prochain. L'ennemi a d'autant plus droit à ces services que les hommes qui composent le camp des deux belligérants, personnellement ne sont pas ennemis entre eux [29]).

Nous venons de dire, qu'en règle générale un particulier est libre dans ses actions. Il ne l'est cependant que dans les limites prescrites par la loi de son État ou de celui qu'il habite. S'il dépasse ces limites, il est responsable devant l'un ou l'autre de ces États.

L'État étranger est compétent à juger un individu qui n'est

---

29) Lettre de Talleyrand à Napoléon I du 2 novembre 1806 (Moniteur universel du 5 décembre 1806), citée par Heffter, § 119. Voir aussi Bluntschli, § 531. Calvo, § 828.

pas son sujet et qui a, contre lui et chez lui, commis un crime; car un homme vivant sous la protection d'un pouvoir étranger, lui est soumis par les actes qui le concernent directement. C'est la conséquence du principe que, dans ses limites, chaque État exerce les attributs de la souveraineté à l'exclusion de tout autre pouvoir. Mais les délits ou crimes commis par un particulier contre les lois de son propre État ou tout crime commis par lui sur le territoire de cet État, est de la compétence exclusive de ce dernier, d'accord avec le principe que nul n'est soustrait à son juge naturel.

A l'exception du cas où un citoyen se trouve dans un État étranger et aussi longtemps qu'il y réside — ce qui équivaut à une sujétion partielle et temporaire — un homme n'a d'obligations d'un caractère public qu'envers l'État dont il est sujet. Il faut qu'il se trouve sous l'action du pouvoir souverain auquel il est légalement soumis, pour qu'en conscience il ait des devoirs envers lui et que celui-ci ait le droit d'exiger l'accomplissement de ces devoirs. C'est en nous basant sur ce principe, conséquence naturelle de celui de l'autonomie de l'État, et en démontrant que l'envahisseur ou l'occupant militaire est ou n'est pas souverain du pays envahi ou occupé par lui, que nous pourrons indiquer sûrement quels sont les rapports qui naissent entre celui-ci et les populations tombées en son pouvoir. Mais avant d'aborder cette question, il nous faut approfondir celle de la solidarité qui doit exister entre le gouvernement ordinaire d'un État et son sujet, gouvernement entendu dans le sens de pouvoir suprême, qui procède du souverain.

Puisque le représentant de la souveraineté nationale procède, comme nous l'avons vu, de la communauté des citoyens et non de chaque citoyen pris à part, il n'y a aussi de solidarité possible qu'entre le souverain, secondé de son gouvernement, et la nation [30]); mais jamais entre lui et le citoyen, comme individu. Celui-ci, nous l'avons vu dans le chapitre précédent en exposant la théorie de M. Fiore, ne peut être responsable que de ses

---

30) Calvo, § 828.

propres actes et seulement envers son juge naturel, qui est l'État
auquel il appartient. Cet État, représenté pour lui par le gouvernement qui dans le moment donné est l'organe de la souveraineté nationale [31]), a droit à ses services et aux sacrifices
matériels que le citoyen doit, dans l'intérêt commun, lui fournir,
comme faisant partie de la personnalité collective de la nation;
mais l'État n'a aucun droit de rendre responsable pour ses
propres actions à lui, chaque citoyen et sa fortune privée.
Pour ce qui concerne la personne du citoyen, il suffit de rappeler que la personnalité humaine a son autonomie à elle, sacrée
et inviolable, et qui ne peut être traitée comme un objet destiné
à servir au profit d'un autre, que cet autre soit une personne
juridique ou physique. Quant à la propriété privée, l'État n'a
d'autres droits sur elle que ceux qui se rapportent à l'empire
politique. ,,Comme souverain, dit Troplong, l'État a le droit
d'imposer des contributions; comme administrateur suprême, il
formule des lois pour discipliner conformément à l'intérêt général
l'usage des propriétés privées. Mais ce ne sont là que des lois
de protection · et de garantie; le législateur n'intervient pas
comme maître de la chose: il opère comme arbitre et régulateur
pour maintenir le bon ordre et le repos public'' [32]). Il est donc
clair que l'État n'a le droit de s'adresser pour l'aide dont il
aurait besoin de la part de ses sujets, qu'à ceux-ci collectivement
et non de désigner un ou plusieurs d'entre eux pour leur en faire
porter le fardeau.

La position du sujet envers son État est définie. Quelle
est donc l'attitude que l'ennemi de cet État en lui faisant la
guerre peut prendre envers le sujet non armé de ce dernier?
La règle généralement admise est qu'il est exempt des hostilités.
Cette règle n'est cependant pas absolue. Cette exemption des
hostilités est circonscrite dans les limites de la vie purement
privée, dans celles de l'activité autonome du sujet de l'État.
Tout le côté public du sujet, c'est à dire son côté de citoyen,

---

31) Martens, § 264.

32) Traité de la propriété d'après le code civil, ch.
XVI, cité par M. Fiore, t. II, p. 303.

est compris dans les hostilités. M. Bluntschli exprime comme il suit ce rapport: ,,Aussi loin qu'un sujet de l'État qui fait la guerre a comme citoyen des obligations d'un caractère public envers son gouvernement, il se trouve sous le coup de la puissance militaire de l'ennemi" [33]).

Cette règle néanmoins ne deviendrait exacte qu'à la condition d'être modifiée par les règles suivantes:

1) que la seule condition d'ennemi ne justifie pas les procédés violents;

2) que l'on ne peut opposer la force qu'à la force et par conséquent n'appliquer des moyens violents qu'au cas où l'habitant prend les armes ou attaque l'ennemi;

3) qu'aucune vexation inutile ne peut être infligée au sujet du pays ennemi;

4) qu'on peut seulement paralyser sa faculté de citoyen en l'empêchant de l'exercer en faveur de la défense de son État, mais jamais en le contraignant à des actes d'hostilité contre son propre État, ou bien à des actes qui nuiraient directement à celui-ci.

Par conséquent, jusqu'au moment où le sujet de l'État ennemi ne prend pas les armes, l'envahisseur n'a à son égard que le droit de prendre des mesures de sûreté [34]), dirigées contre sa qualité de citoyen, afin qu'il ne l'exerce pas en faveur de son État.

C'est d'ailleurs la conséquence logique du principe fondamental qui régit tout l'ensemble de l'emploi des moyens de guerre: celui de ne jamais user de plus de violence que la stricte nécessité ne l'exige [35]). Celle-ci est déterminée par le

---

[33) Das moderne Völkerrecht, § 532.

[34) Klüber, § 246. Heffter, § 126, III. Pinheiro Ferreira, note au liv. III, § 228 de Vattel.

[35) Fiore, t. II, p. 261. Voir aussi Wheaton, Éléments, 4e partie, ch. II, § 2. Heffter, § 119. Ce dernier publiciste reconnaît encore les pratiques barbares qu'on affuble du nom de raison de guerre et qu'il étend, comme règle générale, à la guerre avec les sauvages!

but de la guerre [36]), qui consiste dans la défense effective ou préventive de ses droits et dans le rétablissement d'une paix équitable et solide. C'est vers l'accomplissement de ce but que tout doit être dirigé et, pourvu qu'on ne dépasse pas les limites assignées à la guerre par le droit des gens et la morale, il est permis de mener les hostilités avec beaucoup de vigueur, afin d'arriver aussi vite que possible au but proposé [37]). Malgré toutes les concessions que le belligérant moderne — comme nous le verrons tout à l'heure — doit faire aux sentiments d'humanité, il faut néanmoins ne pas perdre de vue que ces concessions ne peuvent compromettre le véritable but de la guerre. Par exemple, afin de finir vite la lutte et diminuer par là les horreurs de la guerre, le belligérant qui a le droit de son côté n'est pas tenu de céder à son adversaire avant d'avoir épuisé tous les moyens licites pour le triomphe de sa cause.

D'un autre côté, les belligérants, afin d'acquérir de nouveaux avantages sur leur adversaire, ne peuvent pas s'arroger des droits qui ne leur appartiennent pas, ni se prévaloir de prérogatives dont ils jouissaient non de par le droit inné, mais seulement à la suite d'une convention tacite ou expresse. En voici un exemple. La tendance vers l'abolition des frontières des États, en vue de la liberté de plus en plus grande des peuples dans leurs rapports réciproques est une tendance digne de notre temps et qui, il faut l'espérer, se rapprochera de son but à mesure que la civilisation mûrira davantage. Mais si cette fédération pacifique des peuples est désirable et si elle est d'accord avec le droit des gens, elle ne peut cependant dépasser les frontières de l'état pacifique. La guerre une fois déclarée, aucun pouvoir étranger ne peut se prévaloir de cette tendance de fraternité des nations pour s'arroger un pouvoir sur le pays qu'il attaque. Cette fraternité disparaît avec la violation de la paix. Chaque État belligérant rentre l'un vis-à-vis de l'autre dans la jouissance complète et exclusive de tous ses droits souverains. Mais cette

---

36) Phillimore, t. III, § 49.
37) Instruction américaine, art. 29.

règle ne se rapporte d'une façon absolue qu'à l'autorité de l'État sur ses propres sujets se trouvant dans les limites de son territoire, qu'aux privilèges accordés en temps de paix à l'État aujourd'hui ennemi, qu'aux servitudes et à toutes les restrictions de la souveraineté de l'État en faveur de l'autre. Pour ce qui concerne le reste, l'intérêt bien entendu des nations a fini par admettre que, même en temps de guerre, les rapports régulièrement établis entre les États ne cessent d'exister qu'en tant que la nécessité l'exige [38]).

Il y a des conventions spécialement faites dans la prévision d'une guerre, mais si celles-ci passent sous silence certains rapports entre les sujets des deux États belligérants qui, malgré la guerre, pourraient continuer à être en vigueur sans inconvénient, il n'y aurait aucune raison de les empêcher. Ainsi, pourquoi le commerce cesserait-il complètement entre les deux pays en guerre, s'il pouvait se faire sans nuire aux opérations militaires? Ce serait d'ailleurs toujours le cas pour le commerce entre des contrées éloignées appartenant aux États ennemis et qui par leur position ne peuvent être mêlées aux hostilités. Autrefois l'opinion dominante était que tout rapport entre les sujets de l'ennemi devait cesser par le fait même de la guerre, sauf les cas d'une permission obtenue des gouvernements intéressés [39]); mais aujourd'hui, il parait que même la pratique commence à admettre, dans les limites du possible, la non-interruption des relations commerciales entre les sujets des États ennemis [40]), de même que la continuation des rapports personnels entre eux, comme par exemple le droit de correspondance, soumis sans doute en tant que les opérations militaires l'exigent à une surveillance de l'autorité publique.

De même, il n'y a en règle générale aucune raison de refuser à ceux des sujets de l'État ennemi, que l'on a autorisé

---

38) Heffter, § 130.
39) Wheaton, Éléments, t. I, pp. 296 et 333.
40) Rolin-Jacquemyns, La guerre actuelle, p. 44.

à rester sur le territoire de l'autre belligérant, les droits dont ils jouissaient en temps de paix.

De par le même principe, les institutions et les lois d'une contrée envahie ne doivent pas être suspendues de par le simple fait de la guerre. Au contraire, elles doivent être respectées aussi longtemps que les besoins de la guerre n'exigent pas impérieusement leur suspension temporaire.

L'Instruction américaine méconnaît cependant cette loi en disant que „les lois municipales ou spéciales du territoire sur lequel les armées se trouvent, fût-ce même la loi du pays auquel ces armées appartiennent, sont suspendues et de nul effet pour les armées en campagne" (art. 41). La loi martiale de l'armée envahissante et occupante y est, selon M. Lieber [41]), seule compétente, aussi bien pour l'armée que pour la population. M. Bluntschli [42]) se rattache à la même opinion. Il aurait fallu cependant faire une distinction entre l'armée et la population, et pour ce qui concerne cette dernière, M. Calvo [43]) a pu dire avec raison que „généralement la simple occupation n'a pas pour effet de paralyser et de faire suspendre l'action des lois municipales, les intérêts sociaux et individuels qu'elles régissent pouvant difficilement se trouver en conflit ou en contradiction avec les intérêts stratégiques du vainqueur". Pourtant, si les besoins de la guerre l'exigeaient et que, d'accord avec eux, le vainqueur, se basant sur le droit d'extrême nécessité, eût violé la loi du pays occupé, ses actes ne pourraient être attaqués comme n'étant pas d'accord avec les principes de la constitution et de la législation locales [44]), celles-ci n'étant pas obligatoires pour lui. Il en serait cependant tout autrement, si les actes du vainqueur violaient la loi naturelle et les prescriptions de la morale: celles-si sont obligatoires pour tout le monde et toujours [45]).

---

41) Instruction américaine, art. 1.
42) Das moderne Völkerrecht, § 540.
43) Le droit international, § 878.
44) Bluntschli, § 546.
45) Fiore, t. II, p. 272.

L'envahisseur ne peut se baser que sur le droit d'extrême nécessité (Nothrecht) pour exercer son autorité dans le pays ennemi [46]. Le simple fait d'envahissement ne donne aucune prérogative de droit [47]. Jusqu'au traité de paix qui reconnaît la conquête, il n'y a pas de moment légal où le conquérant devienne souverain, sauf le cas où une guerre se serait terminée sans un traité de paix [48]. Mais ce cas est de nos jours légalement presqu'impossible, le droit des gens n'admettant pas de guerre d'extermination : il est aussi par trop contraire aux intérêts des peuples civilisés qu'un état d'hostilité puisse durer entre eux sans guerre. Le cas de la fin d'une guerre sans paix ne pourrait donc être que la conséquence d'une terrible violation du droit des gens : l'anéantissement complète d'un État et la substitution violente du vainqueur à tous les droits et prérogatives de la souveraineté légitime. Cela devient une usurpation qui par le fait accompli se transforme en droit. Nous le répétons, c'est là une exception fâcheuse et rare, et la règle générale est qu'il faut un traité pour que l'occupant devienne souverain et jusque là le fait de l'occupation par l'ennemi ne prive pas le souverain légitime de ses droits [49]; jusque là aussi les habitants, qui ne peuvent avoir des obligations identiques envers deux maîtres à la fois, ne sont obligés qu'envers leur gouvernement propre, qui est l'émanation de leur souveraineté nationale.

Vis-à-vis de l'ennemi, les habitants du pays envahi ou occupé n'ont pas d'autres devoirs que ceux que leur commande la morale et les sentiments d'humanité. S'ils lui opposent une résistance, ils n'ont le droit d'user que des moyens légitimes d'attaque et de défense; s'ils ne résistent pas, ils ne peuvent employer contre l'envahisseur des moyens perfides et barbares,

---

46) Bynkershœk, Questiones juris publici, lib. I, cap. VIII, dit: „l'occupation qui a lieu par la guerre consiste plutôt dans un fait que dans un droit."

47) Klüber, § 258.

48) Vattel, liv. III, § 197.

49) Martens, § 282. Klüber, § 256. Wheaton, Éléments, t. II, p. 211. Calvo, § 887.

comme l'assassinat et l'empoisonnement; mais ces habitants peuvent toujours (et nous donnons ce droit à un groupe formant une communauté nationale séparée de fait du gouvernement central), s'ils le croient nécessaire pour le salut de leur pays, rentrer contre l'ennemi dans les hostilités [50]). Hors le cas où une armée étrangère est appelée par la population elle-même comme libératrice, ou que cette population a de son gré contracté une convention expresse de soumission avec l'ennemi [51]), hors ces deux cas il ne peut jamais y avoir pour la population d'obligation à se considérer comme soumise à l'occupant. Il ne peut être question pour elle d'une convention tacite en ce sens quand, cédant à la force, elle subit l'autorité du vainqueur. Elle a vis-a-vis de lui encore moins de devoirs que n'en ont envers le capteur les prisonniers de guerre [52]). Ceux-ci relégués

---

50) Calvo, § 875.

51) Pour pouvoir signer légalement une convention de cette espèce avec l'ennemi, il aurait fallu que la population fût déliée de ses engagements envers le souverain ou remise, par les circonstances de la guerre, en situation de disposer elle-même provisoirement de sa souveraineté nationale. Des actes de cette espèce s'appellent des capitulations; mais ils ne peuvent être obligatoires que pour les parties contractantes. Un général en signant une capitulation ne peut l'imposer qu'à son armée; ce n'est que le représentant de la souveraineté d'une population qui peut soumettre celle-ci aux conséquences de la capitulation signée par lui. Si une ville, complètement séparée du reste du pays, signe une capitulation, celle-ci n'est valable que pour elle seule. Il va sans dire que les capitulations, actes inhérents à la guerre, n'ont de valeur que pendant sa durée et que les engagements qu'on y prend n'en dépassent pas les limites; il en est de même de toutes les conventions faites pendant la guerre. Pour que la soumission d'une contrée faite par capitulation reste valable après la fin de la guerre, il faut un nouvel acte de sanction venant du pouvoir souverain de l'État.

52) Dans ces derniers temps, plusieurs publicistes (Voir Halleck, International Law, ch. XXXII, § 16. Calvo, § 874. Droop, p. 712) se sont plu à assimiler l'habitant du pays occupé à un prisonnier de guerre qui conserve sa liberté sur parole. Cette assimilation est forcée. Le général Halleck avoue que l'habitant n'a pas donné sa parole, „mais cela est supposé, ajoute-t-il, car sous cette condition seulement

dans le domaine de la souveraineté de l'État qui les a pris, tombent naturellement dans la catégorie des personnes domiciliées à l'étranger et sont souvent justiciables des tribunaux de cet État. Nous verrons que cela ne devrait pas être le cas pour les habitants du pays occupé; mais quant à la situation que l'occupation fait à l'habitant de la contrée occupée, elle est identique à celle qui naît de la captivité pour le prisonnier: ce dernier et l'occupant ont violé le droit naturel de ces hommes à être libres; les exigences de la guerre permettent qu'on exerce sur eux cette contrainte, mais le prisonnier aussi bien que l'habitant occupé en la secouant ne commettent pas de crime et ne peuvent être châtiés pour avoir tenté de le faire. On peut sans doute après cette tentative aggraver les mesures de sûreté à leur égard, mais on ne peut jamais pour cela les livrer aux tribunaux.

Cette question de la non-obligation des habitants envers l'occupant est d'une telle gravité, qu'il nous faut l'approfondir davantage, d'autant plus que la pratique actuelle de la guerre et l'opinion de la plupart des publicistes sont en contradiction avec nos principes sur ce point et des leurs découlent des maux terribles et non mérités pour les populations des pays envahis ou occupés, surtout à cause du droit que l'ennemi s'arroge de juger les ha-

le conquérant a pu abandonner le droit extrême de la guerre de les priver de la vie". Le droit des gens moderne ne reconnaît pas à l'ennemi de droit sur la vie des habitants du pays qu'il envahit; il ne le lui reconnaît même pas envers les combattants qu'il peut désarmer, et c'est seulement, comme nous le verrons, pour les désarmer qu'il est permis de leur donner la mort pendant le combat. L'argumentation du général américain est donc dénuée de tout fondement. Les habitants du pays occupé ne peuvent jamais être considérés dans leur ensemble comme prisonniers de guerre, vu que cette condition là, comme c'est aussi le cas dans le blocus, pour exister doit être effective; or, il est impraticable de réduire toute la population d'un pays à la condition de prisonnier de guerre. Les habitants n'en sont donc en rien redevables à l'envahisseur. Chaque habitant pris à part peut être fait prisonnier de guerre par l'ennemi, s'il se trouve que sa conduite est dangereuse pour l'armée envahissante, mais il est alors un simple prisonnier de guerre comme tout autre belligérant tombé au pouvoir de l'ennemi.

bitants, souvent pour les devoirs qu'ils remplissent envers leur propre État et qu'on leur impute à crime. Ces malheurs sont la conséquence du principe que M. Rolin-Jacquemyns exprime de la façon suivante : ,,la souveraineté de fait de l'occupant se substitue provisoirement, dans une certaine mesure, à celle du gouvernement vaincu" [53]). Il admet ce principe sans le discuter. Il nous semble cependant que pour attribuer à quelqu'un un pareil droit, il faudrait constater d'abord que ce droit existât réellement ; il faudrait pour cela que l'envahisseur ait au moins en occupant un pays sur ce dernier un droit de possession, distingué de la simple détention, qui ne lui donnerait sur lui aucun droit de souveraineté. Nous allons étudier la question.

Celui qui est légalement propriétaire d'un objet possède sur lui en même temps un droit de possession. Mais en cas d'incertitude sur le véritable propriétaire de l'objet, celui qui en a la possession de fait a le droit de l'exercer jusqu'à ce que l'autorité compétente décide sur sa légitimité. Mais pour que cela soit possession et non détention, il faut que le possesseur ait le dessein et la volonté de conserver l'objet en son pouvoir et qu'il en soit possesseur non seulement une fois, momentanément, mais qu'il puisse exercer ses droits sur l'objet d'une façon constante ou au moins répétée [54]). Il s'en suit que la condition principale pour qu'il y ait un droit de possession est qu'il n'y ait pas un autre possesseur légal, incontestable. S'il y en avait un, toute autre personne qui viendrait par force ou par ruse occuper l'objet serait considérée simplement comme détenant illégalement. Tout ce que nous venons de dire se rapporte au droit privé et il existe dans tout État organisé un

---

53) S e c o n d e s s a i, p. 50. — Si l'on admettait le principe qui substitue la souveraineté provisoire de l'envahisseur à la souveraineté du gouvernement vaincu, il faudrait, pour être logique, l'admettre pour toute espèce d'envahisseurs. Or, je doute que les publicistes qui posent ce principe soient disposés à accorder à des Persans, à des Tunisiens, à des Khiviens le droit d'une pareille souveraineté temporaire, avec leurs principes administratifs et judiciaires, exercée sur des pays européens qui seraient envahis par eux.

54) Ahrens, N a t u r r e c h t, § 51.

pouvoir compétent pour mettre ordre à toute atteinte de · ce genre portée à un droit privé légitime.

Les mêmes principes s'appliquent parfaitement au droit public; seulement, si un usurpateur s'approprie le gouvernement d'un souverain légitime qu'il a vaincu et que celui-ci soit abandonné par les citoyens, dans lesquels réside la souveraineté nationale, il n'existe plus de pouvoir qui puisse rétablir le droit et, au contraire, en acceptant l'usurpateur, la nation dépose entre ses mains les attributs de la souveraineté.

Quant au droit des gens, la théorie de la possession y apparait sous divers aspects :

1) Lorsqu'un État occupe un pays qui n'est possédé par personne ou bien une terre inhabitée qui a été abandonnée par un autre État : ici la question se rapproche beaucoup des principes à suivre dans des cas de droit privé.

2) Lorsqu'une puissance étrangère occupe un pays d'après le consentement du pouvoir légitime : les droits qui en résultent sont d'une nature conventionnelle.

3) Lorsqu'en temps de guerre un des belligérants envahit un pays ennemi.

Dans cette dernière hypothèse, il pourrait y avoir deux cas différents : une occupation faite en vue de conquête et une occupation qui est la suite des hasards de la guerre. Mais les guerres de conquête sont répudiées par le droit des gens, et le belligérant qui en ferait n'aurait jamais le droit de se prévaloir de cette prétention pour exiger la soumission de la population du pays qu'il convoite. De même, et là-dessus on est généralement d'accord, personne ne peut faire une guerre pour reconquérir une contrée qui lui a été autrefois soumise, mais qui maintenant appartient à un autre État, soit légalement, de par un traité valable ou de par une possession immémoriale, soit par la reconnaissance tacite de la nation. Il s'en suit que, conformément au droit des gens, il n'y a qu'un seul cas d'occupation militaire licite en temps de guerre, celui d'occupation sans but de conquête. Ce n'est aussi que par un principe unique que la question peut être régie. Nous avons

vu que pour qu'il y ait droit de possession sans droit de propriété et non simple détention, il faut:

1) une possession effective;

2) le dessein ferme du possesseur de garder l'objet occupé;

3) la possibilité d'exercer ce droit sur cet objet d'une manière constante ou réitérée;

4) qu'il n'y ait pas d'autre possesseur légal, dont les droits soient incontestables.

Les deux premières conditions – la possession de fait et le dessein de la conserver — peuvent se trouver chez l'occupant ennemi; mais non les deux dernières. Ce n'est qu'après que le traité de paix a légalisé la conquête qu'il est possible d'exercer d'une façon constante ou réitérée ses droits de possession. Contrairement à ce qui se pratique dans le droit privé – où les droits du possesseur contesté sont protégés par l'autorité publique jusqu'au moment où celle-ci a porté son jugement — personne n'est là pour sauvegarder le fait de la possession de l'occupant militaire, celui-ci tout au contraire étant à la merci des chances de la guerre. Quant à la quatrième condition — la plus décisive selon nous — celle qu'il n'y ait pas d'autre possesseur d'un droit incontestable, elle est tout à fait défavorable à la cause de l'occupant militaire. Celui-ci ne fait la guerre qu'à un État souverain légitime, auquel les habitants continuent à être liés par les devoirs d'honneur et les sentiments patriotiques, et dans lequel, malgré le fait de l'occupation étrangère, quelques uns des organes de l'État continuent à fonctionner et à agir au nom du souverain légitime. Tant que la guerre dure, il est toujours possible que les forces du gouvernement ou de la nation arrivent à rétablir l'ancien état de choses Il ne peut donc être question pour l'occupant d'un droit de possession sur un pays qui a son souverain légitime reconnu comme tel par tout le monde, à commencer par la nation elle-même.

Nous voilà arrivés à la résolution du problème et nous déclarons que, tant que le traité de paix n'a pas sanctionné la conquête, l'occupant militaire d'une contrée ennemie n'a pas acquis sur elle le droit de possession. C'est une simple détention basée sur la force et c'est envers le souverain légitime que les habitants continuent à avoir des obligations jusqu'au moment où il est légalement décidé autrement sur leur sort. Si ce n'est qu'une détention, il est juste aussi de dire — comme nous l'avons fait en entrant dans cette question — que l'occupant ne peut exercer son autorité dans le pays envahi qu'en se basant sur le droit d'extrême nécessité; celui-ci est limité par le droit de légitime défense, étendu forcément, vu le but de la guerre, à tous les moyens, non contraires à l'humanité et à la morale, indispensables pour réduire l'adversaire.

On a vu aussi, qu'envers l'habitant désarmé et pacifique l'occupant n'a droit qu'à des mesures de sûreté; n'étant pas le souverain, ni le possesseur du pays envahi, il ne peut exercer sur l'habitant aucune des prérogatives de la souveraineté[55]. Par conséquent, rigoureusement parlant, il n'a pas le droit de juger ou de châtier lui-même l'habitant qui commet un crime ou qui lui est hostile. Ce sont là des attributs de la souveraineté qu'il ne possède pas. Par la force des choses, il a le droit de surveillance, un droit de police, qui lui est indispensable pour sa propre conservation; il peut aussi traiter en belligérant un habitant hostile, qui agit loyalement comme tel, et si celui-ci a commis un crime, le livrer au tribunal compétent pour le juger.

Mais en temps de guerre les tribunaux ordinaires sont réduits souvent à l'inaction. Dans ce cas là nous croyons qu'il serait désirable — et il faut espérer qu'un jour les puissances parviendront à s'accorder sur ce point — que les criminels soient soumis à un tribunal international reconnu pour ce cas là par les deux côtés, institution conventionnelle, qui donnerait les meilleures garanties d'équité et d'impartialité.

55) C'est d'accord avec l'arrêt du 22 juin 1818 de la cour de cassation de France, d'après lequel l'occupation d'un territoire sans une réunion formelle ne rend pas les habitants sujets du vainqueur.

Dans ces dernières années on a proposé à différentes reprises la création de tribunaux de cette espèce destinés à juger seulement des cas spéciaux qui se rencontrent dans le courant d'une guerre [56]). Mais nous ne voyons pas pourquoi on ne pourrait soumettre à un tribunal international, reconnu par les belligérants, le jugement de tous les crimes commis dans le pays où il n'y a plus de tribunaux ordinaires et, pendant tout le temps de la guerre, toutes les infractions aux règles du droit des gens. Un pareil tribunal international pourrait rendre la justice au nom de toutes les puissances souveraines qui y ont des représentants, tandis que les tribunaux ordinaires la donnerait toujours, comme de droit, au nom du souverain de la contrée.

L'exécution des sentences de ce tribunal mixte présente quelques difficultés. M. Moynier est d'opinion que „les jugements du tribunal seraient notifiés par lui aux gouvernements intéressés, qui seraient chargés d'exécuter les peines édictées contre leurs ressortissants" [57]). Quoiqu'on ait accusé ce projet d'être peu praticable, nous ne voyons pas pourquoi un État, même en guerre, se refuserait à punir un sujet qu'il reconnaît coupable envers le droit des gens, quand il n'hésite jamais à châtier ceux qui lèsent les lois de son pays [58]). D'ailleurs les habitants d'un pays envahi se trouvant au milieu de l'armée contre laquelle ils ont commis les actes criminels, le cas ne présenterait pas la même difficulté; on pourrait attacher au tribunal international un pouvoir exécutif qui, d'un accord commun, serait chargé de l'exécution de la sentence.

---

56) M. Moynier en demandait un pour juger les personnes qui violeraient la convention de Genève. Voir Calvo, § 872. Rolin-Jaequemyns, Second essai, p. 43. Ce dernier écrivain, Ibid., p. 44, patronait l'idée d'une commission permanente d'enquête internationale, à laquelle on finirait par soumettre toutes les infractions au droit international. Voir aussi le Times du 22 février 1871, lettre du colonel Hamley.

57) Journal de Genève, 21 février 1872, cité par Calvo, § 872.

58) Voir chez Phillimore, t. III, § 129, les détails curieux sur un tribunal permanent qui existait en Angleterre jusqu'en 1737 et dont la tâche était de juger les questions concernant la guerre de terre.

Naturellement, pour qu'une institution pareille pût fonctionner, il faudrait qu'il existât un code des lois de la guerre accepté réciproquement. M. Rolin-Jaequemyns serait disposé à le reconnaître dans les lois arbitraires que l'envahisseur impose aux habitants du pays qu'il occupe: il les intitule droit pénal de la guerre, distinct du droit pénal militaire[59]). Mais ce belligérant, n'étant pas le souverain du pays qu'il envahit, ne peut y promulguer des lois. Il peut donner des ordres, les faire exécuter par la force, mais non rendre responsables devant les tribunaux ceux qui ne s'y soumettent pas. Pour que de pareilles lois fussent obligatoires pour les habitants, il faudrait qu'elles émanassent de l'entente internationale et qu'elles fussent reconnues et promulguées par le pouvoir souverain du pays. Quelques savants l'ont bien compris en réclamant une convention internationale pour la réglémentation des lois de la guerre[60]).

Malheureusement, il n'est pas probable qu'il soit de sitôt donné de voir tous ces projets réalisés, malgré les louables tentatives qu'on entreprend en ce sens. Mais quoi qu'il en soit, il est selon nous acquis pour la science que, l'envahisseur n'ayant pas de droit souverain sur le pays tombé en son pouvoir, il n'a ni le droit d'y promulguer des lois, ni celui d'y installer des tribunaux, ni d'en livrer les habitants au jugement de ses autorités militaires, ni d'y exercer aucun des pouvoirs attachés à la souveraineté. Si tout cela se fait dans la pratique des guerres, ce n'en est pas moins injuste, et la raison en est, nous le croyons, d'abord dans le peu de clarté de la théorie du droit des gens sur ces sujets, puis dans l'imperfection des institutions internationales, qui en est en partie la conséquence.

En ce qui concerne la propriété ennemie, c'est également le principe de l'impérieuse nécessité qui doit nous guider. Le but de la guerre n'est pas la conquête; il ne peut également être celui de s'enrichir des biens d'autrui. On ne peut donc

---

59) Second essai, p. 29.
60) Droop, p. 723. La lettre du colonel Hamley citée ci-dessus.

user de la propriété ennemie qu'autant que les besoins de la
guerre nous y obligent. Le droit des gens ancien envisageait
autrement la question. Wheaton encore déduisait le soi-disant
droit de capturer la propriété privée sur mer de ce qu'il ap-
pelait ,,la loi primitive, qui, indépendamment de la convention
internationale, repose sur le simple principe que la guerre donne
le droit de capturer les biens de l'ennemi" [61]). Il n'est pas
difficile de réfuter ce prétendu principe naturel: nous savons
que de par le droit naturel l'ennemi n'a dans la guerre qu'un
droit unique, celui d'employer autant de moyens de contrainte
autorisés par la morale et l'humanité qu'il est nécessaire pour
atteindre le but juste de la guerre. Pour y arriver, on est
forcé souvent de violer les prérogatives souveraines de l'État
ennemi, mais celles-ci sont lors de la fin de la guerre susceptibles de postliminie, à moins que le traité de paix n'en
décide autrement. C'est le seul principe qui soit d'accord avec
le droit naturel et il serait impossible d'en déduire le droit de
se saisir de la propriété ennemie, sans distinction entre les biens
publics ou privés qui augmentent les forces militaires de la
nation et ceux qui sont étrangers aux opérations de la guerre.
La guerre ne se faisant qu'au côté public de la vie nationale,
la propriété privée dans sa majeure partie, dans toute celle qui
n'est pas destinée aux besoins de l'État, est tout à fait
exempte des hostilités. L'ennemi ne pourra y séquestrer que des
armes et munitions de guerre, comme dangereuses. Mais quant
à la partie des revenus privés affectée aux impôts à payer au
gouvernement central, qui est à la tête de la résistance, l'envahisseur peut l'arrêter, mais non les impôts que le citoyen
paie pour l'entretien de l'administration, de la justice et de
tous les besoins locaux, étrangers à la guerre.

Dans la propriété publique, il faut aussi distinguer entre
les biens qui sont destinés aux besoins pacifiques de la contrée
et ceux qui servent à alimenter les forces militaires. Les premiers doivent autant que possible rester en dehors des hostilités;

---

61) Éléments, t. I, p. 104.

les derniers au contraire peuvent être saisis. En règle générale on n'a que le droit de les séquestrer, et quoique cela soit contraire à l'usage établi, il serait bien plus équitable que ces biens revinssent avec la paix, par le droit de postliminie, à leur véritable propriétaire. Cependant, s'il est impossible au capteur de conserver les objets militaires pris pendant la guerre, il peut les détruire et il n'y aura rien d'injuste de sa part à en user lui-même contre l'ennemi. Ce serait trop exiger d'un belligérant que de le contraindre à ne pas user contre son adversaire de tous les moyens légitimes de guerre qu'il a dans ses mains et dont il a besoin dans le moment donné.

La propriété privée, en règle générale, est en dehors des hostilités; mais le besoin impérieux peut aussi quelquefois en exiger la violation. D'abord, la guerre amène toujours avec elle des dévastations et des dommages qu'il est impossible d'éviter: — la propriété privée en souffre comme toute autre. Puis, l'ennemi qui se voit à bout de vivres, peut prendre même de force les objets qui lui sont indispensables. Il paiera, il est vrai, l'objet réquisitionné ou en donnera reçu, mais l'inviolabilité de la propriété privée n'en sera pas moins lésée par cette vente forcée.

Cependant, en dehors de ces actes d'urgence, toute propriéfé publique et privée non destinée aux opérations de la guerre doit être en dehors des hostilités et si, en occupant un pays, l'envahisseur se rend maître des biens publics de l'État étranger, il ne peut retenir que jusqu'à la paix les revenus qui sans cela iraient augmenter les ressources du gouvernement qui lui fait la guerre.

Il n'est donc pas juste de dire, comme le font la plupart des publicistes contemporains [62]), que l'occupant a le droit d'employer en sa faveur les fruits des possessions de l'État ennemi tombés entre ses mains. Il est également injuste d'accorder à l'envahisseur le droit d'imposer des contributions en espèces aux populations ennemies. Nous avons vu de vieux publicistes ex-

---

62) Voir par exemple Fiore, t. II, p. 304.

pliquer ce prétendu droit en disant qu'il remplaçait le pillage. Il est heureusement inutile de nos jours de réfuter la légitimité de ce dernier acte, et puisque la contribution n'a pas d'autre fondement, sa raison d'être tombe d'elle-même. Il est d'ailleurs clair que, la contribution en espèces ne pouvant servir qu'à enrichir, elle ne peut jamais être nécessaire pour satisfaire un besoin impérieux de l'armée, comme c'est le cas dans les réquisitions en nature [63]): elle manque donc de tout fondement et doit être décidément condamnée par la science [64]). Lorsque c'est sous le prétexte de couvrir les frais de la guerre que se font les contributions, il ne faut pas oublier qu'on ne peut les exiger que de celui qui est responsable. La nation dans sa personne collective constituée en vue de l'État en est seule responsable, ce n'est que de cette personne collective que l'on peut exiger les dommages et intérêts, et jamais d'une fraction de la population ou de simples particuliers. Ce n'est donc que lors de la signature de la paix qu'on a le droit d'exiger le paiement des frais de la guerre, car ce n'est qu'alors qu'on se trouve en face de la personne qui en a la responsabilité.

C'est ce même principe incontestable: que l'on ne peut rendre une personne responsable que de ses propres actes, joint à celui de la non-responsabilité du sujet d'un État pris à part pour les actes de la personne collective de l'État, qui fait crouler tout l'édifice du système des représailles, tel que malheureusement il est encore compris et usité de nos jours.

En effet, on ne recule pas en temps de guerre devant la monstruosité de détruire une ville ou un village pour punir un crime quelconque commis dans cet endroit; ou bien de saisir

---

63) A la contribution en espèces doit être assimilée la contribution en objets d'art et en toute sorte de biens inutiles à la subsistance de l'armée.

64) Heureusement, c'est ce qui arrive déjà de nos jours. Voir Bluntschli, § 654. Calvo, § 904. Il faut également espérer que la pratique ne restera pas sourde aux enseignements de la science.

des propriétés appartenant à un sujet ennemi pour rendre la pareille à son gouvernement; ou bien même d'enlever de force des otages choisis parmi les particuliers notables d'une contrée pour se venger du gouvernement de ceux-ci qui aurait illégalement fait ou retenu des prisonniers. Des actes de cette espèce sont évidemment insoutenables, comme radicalement contraires aux principes ci-dessus. Et pourtant la plupart des publicistes n'ont pas hésité à les professer et à les défendre[65]), quelques uns même après la lumineuse réfutation de ce système par Pinheiro Ferreira.

Les représailles doivent donc être réduites à des proportions qui les rendent presque nulles. Comme on ne peut appeler à la responsabilité que la personne coupable et que si un individu a commis un crime, il doit être soumis à un tribunal compétent et n'être jamais châtié sans jugement, il s'en suit qu'il n'y a pas de cas où des représailles puissent être exercées sur la personne des simples particuliers ou sur leurs biens privés. Restent l'État et le gouvernement, pris comme personnes collectives. Mais ici de nouveau l'égalité des États et l'impossibilité d'admettre qu'un État punisse l'autre réduisent les représailles à très peu de cas possibles. On peut forcer un État à rétablir notre droit qu'il a violé, mais non le punir: s'il nous a enlevé un bien, nous pouvons nous saisir d'un équivalent pris dans les biens publics de cet État jusqu'à ce que le nôtre nous soit restitué; si nous avons accordé à un État des avantages et qu'il nous refuse un traitement égal ou équivalent, nous ne sommes pas

---

65) Vattel, Martens, Wheaton, etc. Heureusement que de nos jours la plupart des autorités scientifiques ont sur ce point des opinions bien adoucies, et l'on n'a pas hésité à condamner complètement des actes extrèmes de représailles commis dans la dernière guerre. M. Calvo, § 833, entre autres, a démontré tout ce qu'il y a de monstrueux dans les représailles prises dans leur sens absolu: ,,Des forbans et des tribus sauvages, dit-il, peuvent pousser la férocité jusqu'à assassiner les femmes et les enfants de leurs ennemis; mais qu'une nation chrétienne soit autorisée à commettre le même forfait par mesure de rétorsion, personne n'osera l'admettre.''

tenus à les lui conserver. Ce sont là des cas de rétorsion parfaitement justifiables, car en agissant de la sorte nous ne commettons de notre côté aucun crime et nous ne punissons pas notre égal, mais lui rendons seulement la pareille. Il en serait tout autrement, si un État se rendait coupable de la violation d'un des droits essentiels innés à notre État. Nous devons employer tous les moyens pour que ce droit soit rétabli, mais non user envers l'autre de la même violation du droit. Ce serait absurde d'admettre que quelqu'un puisse commettre un crime parce que son voisin en a commis un.

La force du droit des gens consiste surtout dans son urgence et dans la force morale; c'est donc là qu'il faut surtout chercher les garanties de la réciprocité dans les procédés que les nations se doivent les unes aux autres. Les demi-moyens de contrainte physique, comme les représailles, si même ils étaient légalement admissibles, n'aboutiraient jamais aux résultats voulus; ils n'ont donc pas pour eux la raison de l'impérieuse nécessité. Parmi les moyens de contrainte physique, la guerre étant seule efficace, elle est seule justifiée par le principe de la stricte nécessité.

C'est ce même principe qui régit l'emploi des instruments et des procédés de guerre qu'il est indispensable d'employer dans les hostilités afin d'arriver à son but. On ne peut donc infliger à son adversaire plus de violence qu'il n'est nécessaire pour l'obliger à se soumettre à nos exigences, et il suffit pour cela qu'il soit réduit à l'impuissance vis-à-vis de nous. On ne peut donc dans la guerre qué tendre vers le désarmement de son adversaire et non vers son extermination [66]). Ce principe est aussi vrai appliqué au corps de l'État ennemi, qu'à chacun des combattants pris à part. L'extermination n'étant pas admise comme but direct du combat, l'ennemi doit n'avoir en vue que

---

67) La déclaration du 29 novembre (11 décembre) 1868 de la commission militaire internationale de St. Pétersbourg a dit: „le seul but légitime que les États doivent se proposer durant la guerre est l'affaiblissement des forces militaires de l'ennemi." Voir Annuaire diplomatique de l'empire de Russie, 1869, p. 287.

de paralyser les moyens de guerre de son adversaire, comme Pinheiro Ferreira l'a parfaitement exprimé[67]). On n'a donc le droit de tuer l'adversaire que s'il est combattant et que s'il n'y a pas d'autre moyen de le désarmer. C'est là une vérité qui est depuis longtemps acquise à la science[68]) et qui est généralement respectée dans la pratique. Il ne peut naturellement être question ici que de la mort qu'on donne consciemment et non de celle qui est occasionnée accidentellement, pendant le combat ou pendant un bombardement.

Le droit de faire prisonnier de guerre est plus étendu que celui de tuer, car c'est par lui qu'on atteint réellement le but proposé, celui de désarmer l'ennemi. Un combattant qui cesse de résister ne peut être tué, mais seulement fait prisonnier de guerre, de même que toute personne qui fait valoir sa qualité de citoyen en l'exerçant contre l'ennemi, soit en le combattant, soit en s'opposant par d'autres moyens légitimes à la réalisation du but qu'il s'est proposé d'atteindre dans la guerre[69]). Tant qu'un habitant ne commet aucun acte hostile contre l'envahisseur, il n'est pour celui-ci qu'un simple particulier, envers lequel il n'a qu'un droit de surveillance; mais aussitôt que le particulier s'est montré hostile, l'envahisseur, ne trouvant pas sa sécurité suffisamment assurée par des mesures de surveillance, a le droit de le traiter en ennemi désarmé — s'il n'est pas combattant — et par conséquent de le faire prisonnier de guerre[70]). Si dans

---

67) Principes du droit public, 26e entretien.

68) Vattel, liv. III, § 139. Martens, § 272. Wheaton, Éléments, 4e partie, ch. II, § 2. Fiore, 2e partie, ch. V. Calvo, § 831. Bluntschli, § 579.

69) Vattel, liv. III, § 148. Klüber, § 267. Pinheiro Ferreira, note au liv. III, § 228 de Vattel. Instruction américaine, art. 49 et 50.

70) Il est naturellement licite à l'envahisseur d'envoyer ces personnes comme des prisonniers de guerre dans son propre État, ou bien les expulser en dehors du pays occupé, bien entendu en les mettant par un sauf-conduit à l'abri de tout danger et en ne violant aucun de leurs droits privés. Cette expulsion équivaudrait à la condition de prisonnier de guerre sur parole si cela était stipulé; dans le cas contraire l'expulsé conserve toute sa liberté d'action.

sa conduite contre l'envahisseur, l'habitant hostile a violé le droit des gens ou commis un crime de droit commun, celui qui l'a pris n'est pas tenu de lui accorder les privilèges attachés à la condition de prisonnier de guerre; mais, d'un autre côté, il ne peut non plus, comme c'est l'usage, le châtier de sa propre autorité; il doit — nous croyons l'avoir suffisamment démontré — le livrer à un tribunal compétent. Ceci se rapporte aussi bien au non-combattant qu'au combattant.

Le combattant peut appartenir à l'armée régulière, à l'armée irrégulière, qui est cependant investie des insignes de combattants, et aux corps-francs nés spontanément des nécessités du moment et qui peuvent souvent n'avoir aucun signe extérieur qui les distingue. Une des questions les plus débattues en ces derniers temps est précisément celle de déterminer quand un combattant doit être considéré comme belligérant légitime. La pratique comme la théorie ont posé des règles qui, selon nous, ne sont pas applicables dans la plupart des circonstances au milieu desquelles ces corps-francs doivent agir. Les uns, voulant limiter la guerre à l'action des armées régulières seulement[71]), ont dû naturellement refuser à tous les combattants en dehors de ces armées la qualité de belligérants légitimes. D'autres[72]), et ceux-ci sont les plus nombreux, veulent que le combattant pour jouir des droits de la guerre soit appelé à prendre part aux hostilités par son souverain, qu'il porte un insigne militaire reconnaissable à portée de fusil; qu'il soit soumis aux lois militaires et commandé par des officiers de l'armée. Il y en a encore qui n'exigent que quelques unes de ces conditions.

Tout cela d'ailleurs n'est pas suffisamment fondé. Nous avons vu, qu'à l'exception du cas de défense personnelle, aucun particulier ne peut commettre légalement des hostilités, celles-ci ne pouvant émaner que de la souveraineté nationale. Le sujet

---

71) Fiore, t. II, p. 275.

72) Voir par exemple Rolin-Jaequemyns, Droop et la plupart des publicistes dont nous avons déjà exposé les principes sur ce sujet.

d'un État n'étant cependant responsable que devant celui-ci et non devant l'envahisseur, ne peut être coupable en commettant des hostilités de sa propre autorité que devant l'État dont il est citoyen. C'est à son État de le châtier s'il a eu tort, mais l'État peut aussi après coup reconnaître l'acte non autorisé de son sujet [73]) et il le fera chaque fois que cet acte était nécessaire et supposait un consentement du chef de l'État. Il va donc sans dire, que l'envahisseur n'a aucune compétence pour juger cette question [74]); il n'a qu'à voir si celui qui l'attaque agit dans des vues publiques ou privées. Dans ce dernier cas, il n'est qu'un brigand qui doit être livré à la justice; mais dans le cas où il commet des hostilités en respectant les usages de la guerre, il a droit au traitement de belligérant légitime et à toutes les prérogatives d'un prisonnier de guerre [75]). Éxiger des corps-francs qu'ils aient des insignes, des armes d'une certaine espèce, des chefs militaires, serait exiger des choses souvent impossibles, et nous savons que le but de celui qui fait la guerre est le triomphe de son bon droit et que des raisons d'une importance secondaire ne peuvent jamais mettre une entrave à la réalisation de ce but. C'est donc à la science de protéger les droits de ceux qui agissent conformément à leurs devoirs et de les garantir contre de mauvaises interprétations, dont la conséquence est la perte d'une foule d'innocents. Malheureusement, dans la pratique d'aujourd'hui c'est plus que jamais le cas !

Sous la dénomination d'instruments de guerre on n'entend que les objets qui servent particulièrement à faire la guerre, comme les armes et les munitions, tandis que les choses qui sont d'usage aussi bien en temps de guerre qu'en temps de paix

---

73) Phillimore, t. III, ch. VII, § 92.

74) Pinheiro Ferreira remarque aussi avec beaucoup de raison que l'ennemi n'a pas toujours le moyen de constater si le combattant était autorisé par son gouvernement ou non. Voir sa note 67 au Précis du droit des gens de Martens.

75) Comparez les excellentes observations de Pinheiro Ferreira au liv. III, § 228 de Vattel.

— les vivres par exemple — n'y sont point comprises [76]). Il faudrait que ces objets fussent tout particulièrement indispensables à la prolongation de la résistance — comme les vivres dans une place assiégée — pour qu'on pût leur attribuer ce caractère.

Quant aux engins de guerre, les conditions de leur emploi sont déterminées par les besoins mêmes de la guerre. On ne devrait jamais en employer plus qu'il n'est nécessaire pour réduire l'ennemi. Naturellement la quantité et la force destructive des armes sera toujours en rapport avec celles dont dispose l'adversaire, mais il serait, croyons nous, digne de la civilisation des peuples que ceux-ci tendissent d'un accord général à réduire leurs armements au lieu de les augmenter dans des proportions exorbitantes. Malheureusement, il en est tout autrement dans la réalité. Les progrès des sciences techniques et le perfectionnement de l'art militaire ont beaucoup augmenté les horreurs de la guerre. Les plus effroyables instruments de destruction ont été inventés et sont aujourd'hui généralement employés. Les bouches à feu jettent la mort et la désolation dans le pays à huit kilomètres à la ronde, frappant en aveugle, sans choix ni distinction. Habitants pacifiques, femmes, enfants, infirmes : rien n'est respecté; et la science affirme de plus en plus le droit qu'ils ont à être placés en dehors des hostilités. Les ambitions militaires sont néanmoins toutes puissantes. Il n'y a pas moyen de les contraindre au désarmement. On a pu tout au plus obtenir la suppression des petites balles explosibles [77]), qui sont sans aucune conséquence pour les opérations militaires et occasionnent à tous les partis des dommages aussi cruels qu'inutiles. Pour le moment il n'y a pas à songer à obtenir sous ce rapport autre chose des gouvernements. M. de Mohl [78]) a même sous ce rapport si peu de confiance dans les bonnes intentions des puissances souveraines,

76) Vattel, liv. III, § 6.
77) Convention de St. Pétersbourg de 1868.
78) Staatsrecht, Völkerrecht und Politik, t. I, p. 764.

qu'il désespère de l'utilité de la condamnation par la science de ces machines de guerre. C'est une erreur. Quoique lentement, la voix de la vérité finit par triompher même des ambitions humaines. Celles-ci changent de direction à mesure que les bases de la civilisation se transforment. Quant aux moyens employés à la guerre, il y a lieu de croire que leur condamnation par le droit des gens porte à la longue des fruits; d'autant plus que toutes les illusions qu'on se faisait, en s'imaginant que les machines de destruction finiraient par rendre les guerres impossibles [79]) ou moins destructives, sont tombées devant l'expérience de l'histoire. Pour s'en convaincre, il suffit de faire le compte des hommes tués et des richesses détruites par la guerre depuis vingt ans [80]). En présence de faits aussi terribles,

---

79) Mauvillon (cité par Fiore, t. II, p. 114) écrivait en 1782: „Le plus grand service qu'on pourrait rendre à l'humanité, ce serait d'inventer une machine au moyen de laquelle on serait sûr de détruire d'un seul coup une armée entière ou toute une province. Elle rendrait les guerres impossibles". Comparez aussi Ortolan, Règles internationales et diplomatiques de la mer, t. II, p. 31, et Calvo, §. 841, qui le cite.

80) M. Paul Leroy-Beaulieu fait, dans la brochure Les guerres contemporaines, le relevé de la perte d'hommes et d'argent dans les guerres qui ont eu lieu de 1853 à 1866. Il y arrive aux chiffres effrayants de plus d'un million sept cent mille hommes tués dans les quatorze années, et de près de quarante huit milliards de francs employés pour ces mêmes guerres, ce qui encore est bien au-dessous de la réalité. En présence de ces faits, on serait vraiment tenté de regretter même les temps de la chevalerie: il y avait alors des batailles qui duraient tout un jour et ne coutaient la vie qu'à une ou deux personnes; quelquefois il n'y avait pas de morts dutout. Voir Cibrario, Économie politique du Moyen-Âge, traduction française, t. I, p. 185, qui se base sur Guichardin, Machiavel et autres. Au risque de passer pour naïf, nous ne pouvons cependant nous empêcher d'exprimer le souhait que l'art et la science, au lieu de multiplier les effroyables machines de destruction, s'appliquent à la recherche d'une arme de guerre qui tendrait à mettre l'ennemi hors de combat, sans le tuer. C'est d'ailleurs la conséquence logique du principe que l'on n'a pas le droit de détruire son ennemi, mais de le réduire seulement à l'impossibilité de résister.

comment ne pas protester au nom de la science et de l'humanité contre ces soi-disants progrès? Ils mériteraient ce nom si le monde n'était destiné à progresser que dans le malheur.

Il y a certaines règles de morale qui restent les mêmes sans distinction à faire entre belligérant juste ou injuste, agresseur ou défenseur. La bonne foi, par exemple, est due toujours, invariablement, à tout ennemi [81]), de même que l'emploi de moyens d'attaque et de défense humains et loyaux : l'assassinat, la vengeance, la perfidie, le poison, les troupes barbares, toutes les armes qui occasionnent aux blessés des douleurs inutiles sont exclus dans toute guerre entre peuples civilisés [82]).

Le droit international positif, en cela d'accord avec la nécessité pratique, admet la complète égalité des droits des belligérants l'un vis-à-vis de l'autre [83]), sans tenir aucun compte de la justice ou de l'injustice de leur cause. ,,Une guerre dans les formes ou dûment commencée, doit être considérée, quant à ses effets, comme juste des deux côtés. Tout ce qui est permis par les lois de la guerre à l'une des parties belligérantes est également permis à l'autre". C'est aiusi que s'exprime Wheaton [84]). Il faut néanmoins distinguer entre les pratiques et les engins employés sur les champs de bataille et les formes que les hostilités peuvent affecter, les ressources de guerre dont disposent les belligérants et dont ils ont le droit de se servir. La question envisagée de la sorte trouvera une tout autre solution. Tant que la guerre est régulière et se limite aux opérations militaires des deux armées, cette égalité des belligérants est justifiée par la nature même de ce genre de guerre. Il y a deux armées vis-à-vis l'une de l'autre; et bien, dans tout ce qui concerne leurs rapports réciproques, les stratagèmes et les engins qu'elles peuvent em-

---

81) Cicéron, Grotius, Pufendorf, Bynkershœk, etc.

82) Si nous ne nous trompons, c'est Klüber, § 245, qui a donné la liste la plus complète des moyens de guerre prohibés par l'usage.

83) Grotius, lib. III, cap. IV, § 4. Vattel, liv. III, §§ 190 et 191.

84) Éléments, 4e partie, ch. I, § 6.

ployer l'une contre l'autre, sont les mêmes des deux côtés. Jusque là il y a égalité.

Mais voici que l'armée du pays qui se défend est détruite; pour continuer la lutte de défense nationale, il faut s'exposer aux horreurs d'une guerre irrégulière, recourir à la levée en masse, employer toutes les ressources que la nature elle-même a mis à la disposition de celui qui se défend. Ici il n'y a plus d'égalité. Ce qui est permis au défenseur du pays ne l'est pas à l'agresseur, même juste. Le défenseur peut anéantir en la combattant l'armée d'invasion tout entière: c'est un cas de défense légitime, d'extrême nécessité et qui ne frappe que des combattants; et encore seulement comme résultat d'un combat désespéré, car la défense doit en règle générale toujours être proportionnée à l'attaque [85]). Mais l'agresseur ne peut avoir ce même droit quand il y a levée en masse dans le pays qu'il a envahi. Il peut bien opposer la force à la force; sur le champ de bataille, il a des droits égaux à ceux de son adversaire; mais il ne peut recourir à toutes les ressources que celui qui défend ses foyers a droit de lui opposer. Admettre que l'envahisseur a droit, pour réduire un pays, d'y introduire, en dehors de l'armée régulière, encore toutes les forces populaires armées dont il pourrait disposer, ce serait admettre une véritable guerre d'extermination dirigée contre une nation entière. C'est ce que le droit des gens condamne absolument. Ce serait revenir aux temps des migrations des peuples, des invasions des Arabes et des Mongols. C'est impossible parmi les peuples civilisés [86]) et nous voyons par con-

---

85) Montesquieu, Lettres persanes, lettre 96. Ahrens, Naturrecht, t. II, p. 85. Grotius déjà connaissait cette loi: ,,il n'y a, dit-il, aucune égalité quand on dévaste tout un royaume pour l'enlèvement de cochons ou pour quelques maisons de brûlées". Lib. III, cap. XII, § 1.

86) Malheureusement, de nos jours, on a trouvé un expédient qui rend possible, sinon toutes les horreurs des guerres barbares — les masses des combattants étant aujourd'hui disciplinées — du moins l'extension excessive des hostilités. Cet expédient est l'armement général de la nation, qui la transforme en armée régulière. Nous n'avons pas

séquent que la guerre nationale (prise dans le sens d'une levée en masse), devant être circonscrite dans les limites les plus étroites de la guerre défensive [87]), l'égalité des droits des deux belligérants n'existe pas toujours ni de droit, ni de fait, mais qu'elle cesse au contraire dès que la guerre se transforme de régulière en irrégulière.

Ici apparait une question plus importante pour la théorie que pour la pratique (celle-ci étant toujours forcée de reconnaître de fait comme justes les deux belligérants), mais qui néanmoins ne saurait être passée sous silence dans un traité de droit des gens naturel. Il s'agit de savoir si une nation ayant lésé les droits d'une autre nation et étant attaquée par cette dernière dans ses foyers a le droit de se défendre jusqu'à la dernière extrémité. La justice de la cause originaire de la guerre n'étant pas de son côté, on a le droit de la contraindre à rétablir ce qu'elle a lésé; mais on ne peut pousser la violence jusqu'à la menacer de l'extermination ou de la privation définitive de son indépendance souveraine. C'est tout au plus pour sa propre conservation — d'accord avec la loi de la défense personnelle — qu'on pourrait anéantir un autre État. Dans la pratique il ne sera jamais possible qu'un État envahi puisse dans ce même moment menacer l'existence de celui qui l'a envahi: il est donc évident que dans le cas où l'ennemi menace l'indépendance du pays qu'il a envahi, la cause originaire de la guerre recule sur le second plan et que le droit le plus urgent et par là le plus légitime se trouve du côté de celui qui défend ses foyers, quand même originairement il était le belligérant injuste. Nous ne voulons pas dire que le bon

---

à évaluer les désavantages économiques d'un pareil système militaire; mais au nom de l'humanité et du droit naturel nous protestons contre ces armées colossales du moment où, non réservées exclusivement à la défense du pays, elles seraient employées, même dans une guerre juste, à écraser dans ses foyers un peuple voisin et centupleraient par là les horreurs de la guerre.

87) Calvo, § 838.

droit originaire de l'autre cesse par là d'exister; mais, dès ce moment, il y a deux causes justes de guerre qui se poursuivent à la fois par les deux parties, et celle qui combat pour sa conservation a, tant qu'elle n'a pas mis son existence à l'abri de tout danger, la primauté de droit de son côté. C'est d'autant plus vrai, que ce cas ne pourrait arriver que lorsque le belligérant qui a le droit de son côté l'a dépassé dans la lutte et est devenu par là injuste. Grotius et Vattel avaient·pressenti déjà plus ou moins clairement cette vérité [88]).

De tous les principes que nous avons posés dans le courant de ce chapitre et de toutes les questions qui y ont été discutées, il suit qu'un belligérant, en entrant dans un pays envahi, par ce fait n'acquiert pas sur lui des droits souverains, mais qu'au contraire c'est le souverain légitime qui y conserve de droit toute ses prérogatives jusqu'au traité de paix. L'envahisseur, de par le principe de l'impérieuse nécessité et dans les limites de cette nécessité, peut employer la force pour paralyser les ressources défensives de l'État ennemi et traiter en belligérants ceux des habitants qui sont ouvertement hostiles à la réalisation de son but; sur les autres, il ne peut qu'exercer une surveillance suffisante pour assurer à son armée autant de sécurité qu'il lui est possible d'obtenir au milieu d'une population ennemie, qui n'a vis-à-vis de lui aucun devoir de sujétion et dont le devoir est au contraire d'agir toujours conformément aux véritables intérêts de son propre État. Que le pays soit momentanément envahi ou occupé pour un certain temps,

---

88) Grotius, en parlant du droit de défense personnelle, pose des principes qui peuvent être également appliqués à la lutte entre nations. Il dit: „Si pour conserver ma vie, il faut que je désarme celui qui m'attaque, je puis le faire en recourant à tous les moyens, si même celui qui m'attaque agit conformément à son droit. Ce n'est pas de la culpabilité de celui-ci que découle mon droit de se défendre, mais de mon propre droit naturel." Lib. III, cap. I, § 2. Comparez aussi lib. I, cap. I, § 18; cap. XXV, § 6; lib. III, cap. I, §§ 3 et 4. Aussi Vattel, liv. III, § 36.

les droits de l'envahisseur restent les mêmes. Il les exercera seulement, lors d'une occupation prolongée, d'une façon plus complète, plus régulière, qu'il ne pourra le faire pendant une invasion qui ne fait que passer.

Rien ne nous empêche donc d'étudier ensemble tous les faits particuliers qui se rattachent à l'invasion et à l'occupation. C'est ce que nous ferons dans la partie spéciale.

Chapitre III.

Partie spéciale.

Si dans la partie générale, afin de bien définir les principes qui doivent nous guider, il nous a fallu envisager la guerre dans son ensemble, il n'en sera pas de même dans la partie spéciale: nous pourrons nous limiter ici aux questions qui concernent et en tant qu'elles concernent les rapports de la population du pays envahi avec l'armée ennemie.

La déclaration de guerre, autrefois considérée comme indispensable, a été souvent depuis un siècle envisagée comme inutile. Pinheiro Ferreira trouvait même les manifestes de trop [1]. Cela n'est cependant point ainsi, car la déclaration de guerre est fort utile pour tous les intérêts privés aussi bien des pays belligérants que des neutres. Il importe beaucoup aux habitants d'un pays de connaître officiellement l'ouverture des hostilités, afin de mettre à l'abri des opérations militaires leurs intérêts privés et les personnes exposées. Aussi plusieurs savants réclament un acte officiel, qui précède l'ouverture des hostilités, et dans les dernières guerres il a été tenu compte de cet usage [2].

La guerre déclarée, les hostilités commencent. Les moyens qu'on peut y employer ne doivent tendre qu'à paralyser les

---

1) Comparez aussi Klüber, § 238. Wheaton, Éléments, t. I, p, 279. Phillimore, t. III, ch. V.

2) Vattel, liv. III, § 51. Heffter, § 120. Bluntschli, §. 522. Fiore, t. II, p. 251. Calvo, § 714.

forces militaires de l'État ennemi. Mais ici encore, les peuples civilisés doivent souvent abandonner des moyens qui leur seraient utiles, par respect pour l'humanité et le droit.

On ne peut nier l'existence de l'État ennemi et agir contre lui comme s'il n'existait pas ; on ne peut de même attenter à son intégrité avant les décisions du traité de paix. Ce serait cependant le cas si l'on fomentait chez lui la révolte, simplement comme un moyen avantageux de lui faire la guerre. Aussi ce moyen malhonnête est-il condamné par le droit des gens. Par la même raison est inadmissible l'excitation des soldats ennemis à la désertion ³). On peut les réduire à devenir inutiles à la résistance qu'oppose leur État, mais on ne peut les corrompre, les engager à commettre un acte malhonnête ou un crime.

Depuis le temps de d'éloquente condamnation faite par Chatam au parlement de l'emploi par les Anglais de barbares Indiens dans leur guerre avec les colonies américaines révoltées, tous les publicistes condamnent unanimement l'emploi de troupes sauvages dans les guerres entre peuples civilisés. Nous joignant entièrement à cette condamnation, nous devons néanmoins reconnaître que leur emploi n'est inadmissible que dans le cas où il serait impossible de les discipliner de sorte qu'ils respectassent les lois de la guerre et les usages des peuples civilisés. M. de Mohl ⁴) a observé avec justesse qu'une manière inaccoutumée de combattre ne peut être une raison suffisante pour que l'emploi des troupes qui en usent soit prohibé ; mais ce qui rend impossibles les troupes sauvages indisciplinées, c'est qu'elles ne respectent pas les blessés sur les champs de bataille et que pendant l'occupation les droits les plus sacrés des populations au milieu desquelles elles vivent ne sont pas en sûreté.

Tout combattant qui commet loyalement des hostilités pour la cause de son pays et non pour un but privé, doit être traité

---

3) Pinheiro Ferreira, Cours de droit public, t. II, p. 410. R. de Mohl, t. I, p. 772 et suiv.

5) Staatsrecht, Völkerrecht und Politik, t. I. p. 770.

par l'ennemi comme belligérant légitime et, étant pris, jouir de tous les avantages attachés à la qualité de prisonnier de guerre. Une fois qu'il ne résiste plus, il faut lui faire quartier, et dès ce moment, tant qu'il ne recommence pas le combat, sa vie est sacrée pour celui qui s'est rendu maître de lui. On a dit souvent que l'on peut refuser quartier à un combattant si lui-même ou le corps d'armée auquel il appartient se sont rendus coupables du même crime. L'Instruction américaine, art. 66, va même jusqu'à admettre que, si quartier a été donné à un ennemi et que l'on découvre dans l'espace de trois jours qu'il appartenait à un corps qui ne le donnait pas, on peut faire souffrir à ce prisonnier la mort. Nous croyons avoir suffisamment démontré tout ce qu'il y a d'injuste dans les représailles exercées sur un individu qu'on rend solidaire des actes d'une corporation ou d'un autre individu, pour que l'iniquité de la loi américaine soit évidente. Mais dans le cas de la culpabilité personnelle du prisonnier, le vainqueur n'a que le droit de le livrer aux tribunaux et ne peut jamais l'exécuter sans jugement [5]).

Chose incroyable, la plupart des publicistes contemporains admettent le massacre des prisonniers de guerre dans le cas où il y aurait danger de révolte ou d'intervention pour les délivrer, ou bien simplement dans le but d'éviter l'encombrement de prisonniers ! [6]) De pareilles opinions sont réellement au-dessous même de la pratique. Nous ne croyons pas que celle-ci soit de nos jours capable d'un pareil forfait; on pourrait tout au plus en découvrir

5) M. Calvo, § 859, dit: „Le refus de faire quartier à un ennemi vaincu est un crime dont rien ne saurait atténuer l'odieux. L'ennemi qui, au milieu de la lutte, a commis un acte qualifié crime par le droit commun, doit subir un jugement individuel et l'on ne peut faire peser sur lui que la responsabilité des crimes qui peuvent lui être imputés personnellement.“

6) Wheaton, Éléments. t. II, p. 3. Heffter, § 128. Bluntschli, § 580. Aussi les publicistes espagnols Riquelme et Bello, cités par M. Calvo, § 860, qui se prononce énergiquement contre ces pratiques, qu'il déclare „dignes des tribus sauvages du centre de l'Afrique ou des îles de l'Océanie.“

des exemples dans les luttes farouches des guerres intestines. Sans parler même du côté moral de la question, il est incontestable que même juridiquement on ne puisse jamais approuver l'égorgement de sang-froid d'un homme désarmé et innocent, mais dont la présence seule pourrait devenir dangereuse, ce cas ne s'appliquant pas dutout à celui de la défense personnelle, qui suppose toujours une lutte et n'admet la mort que comme le résultat de celle-ci et seulement pour la personne qui combat. Naturellement, si le prisonnier lui-même prend les armes, il tombe dans la catégorie des combattants ordinaires et en porte toutes les conséquences.

De par le principe que la mort ne peut être donnée que comme moyen extrême pour réduire un ennemi qui résiste, nous établissons également comme contraire au droit des gens l'acte de tuer un ennemi par surprise — s'introduire par exemple la nuit dans le camp ennemi et y tuer les soldats qui dorment, par conséquent ne résistent pas. Au fond cela n'est qu'un assassinat, qui dans aucun cas ne peut être justifié, et il ne faut pas confondre cet acte avec celui de s'introduire la nuit chez l'ennemi, si c'est jugé nécessaire, afin d'enclouer des canons ou de faire des prisonniers; si une lutte s'en suit, il en résulte un combat ordinaire et par conséquent aussi le droit de tuer celui qui résiste.

Nous avons vu, qu'autrefois on considérait la dévastation du théâtre des hostilités comme un moyen licite de guerre. De nos jours on l'admettra bien pour celui qui combat sur son propre sol et si pour le salut de la patrie il lui faut recourir à ce sacrifice extrême, mais jamais pour l'envahisseur. Celui-ci ne pourra dévaster un pays ennemi que juste autant que la stricte nécessité l'exige. Le sol d'un État se trouvant divisé entre ses habitants, il forme pour la majeure partie une propriété privée, que nul belligérant étranger n'a le droit d'anéantir. La dévastation n'est donc légitime que dans la mesure de l'inévitable conséquence de la lutte. Les ravages dans le genre de ceux de la guerre de trente ans ou des guerres de Louis XIV sont complètement réprouvés par le droit des gens et abandonnés par la pratique. Celle-ci réduit également le butin au point de ne saisir que les engins de guerre et les chevaux.

Le bombardement est un moyen de guerre très usité et employé souvent à tort. Il est permis de tirer seulement sur une place fortifiée qui résiste, ou sur une ville ouverte qui se défend, et dans les deux cas seulement après qu'on s'est assuré que ces places ont l'intention de ne pas se rendre. Afin de donner le moyen aux habitants de se mettre autant que possible à l'abri du bombardement, il doit être annoncé préalablement et de façon que le moment précis où le feu commencera soit indiqué[7]). Les cas seront très rares où celui qui fait le bombardement se trouvera dans l'impossibilité de se conformer à cette règle, qui est plus qu'une simple formalité. D'ailleurs le bombardement, comme toute violence, est subordonné à la nécessité impérieuse. On ne peut jamais en user comme d'un moyen de vengeance ou de représailles, mais seulement dans les cas où il est indispensable de se rendre maître d'une ville et que c'est le moyen le moins meurtrier pour y parvenir. Naturellement, si une place fortifiée ne continue la résistance que grâce à ses fortifications, ce n'est que contre elles qu'on a le droit de tirer, autrement on dépasserait le strict nécessaire, seul admissible. Mais si la ville est ouverte et défendue seulement provisoirement, le bombardement n'est permis que jusqu'au moment où il est le moyen le moins meurtrier pour arriver à la reddition. Si pour prendre la ville par le bombardement il faillait la détruire de fond en comble, il est clair que l'assaut serait préférable, les désastres qui s'en suivraient étant moindres. On peut nous objecter que dans un assaut l'assaillant s'expose à un danger plus grand pour ses hommes qu'il ne le ferait en détruisant par un bombardement une ville, surtout ouverte; mais l'assaillant n'a aucun droit de prétendre conquérir des avantages sans y apporter de son côté des sacrifices, et un bombardement pareil rentre tout à fait dans la catégorie d'une guerre d'extermination, entièrement

7) Rolin-Jaequemyns, Second essai, p. 20.

condamnée par le droit des gens. C'est cependant un cas exceptionnel, et en règle générale le bombardement est préférable à l'assaut. Dans l'un et dans l'autre les non-combattants sont exposés à toute sorte de dangers, mais l'expérience prouve que l'assaut pour les habitants est bien plus meurtrier encore que le bombardement ordinaire. Celui qui a recours à ce moyen est obligé, afin de se conformer aux usages des peuples civilisés, épargner autant que possible les sanctuaires, les établissements de bienfaisance, les monuments de l'art, les édifices destinés aux œuvres de la paix et de l'intelligence, toute la propriété privée: c'est à dire ne pas viser sur eux. Les fortifications et les dépôts de guerre peuvent seuls lui servir de but.

Il y a encore un autre moyen de tenter de se rendre maître d'une place, et c'est par lui qu'on commence généralement: c'est celui de l'assiéger en la cernant et interceptant toute communication avec le pays avoisinant qui pourrait lui fournir les vivres et y introduire de nouvelles ressources de résistance. Ce moyen n'a rien que de très légitime jusqu'au moment où les habitants de la place ont consommé tous leurs moyens d'existence. On peut toujours en user jusqu'à ce point là et avec efficacité, car le plus souvent ce moment venu la place capitule. Il est vrai que pour en arriver là, les non-combattants subissent de terribles privations, mais ils le font de leur propre gré et pour le bien de leur propre cause, et les souffrances auxquelles ils s'exposent ne sont pas de nature à charger l'ennemi, qui les y contraint, d'une accusation de lèse humanité. Il en serait autrement cependant s'il refusait à des femmes, à des enfants, à des infirmes le droit de sortir de la place affamée — ce serait évidemment condamner à la mort des personnes innocentes et qu'on n'a aucun droit de considérer comme des combattants.

On se demande si l'envahisseur a le droit de pousser un siège par la famine jusqu'à laisser périr de faim toute la population, résolue à mourir plutôt qu'à se rendre. Dans tous les cas, si la place est arrivée à cette extrémité, on a le droit d'exiger de l'assiégeant qu'il recourre à d'autres moyens, comme le bombardement ou l'assaut. En vérité, laisser une ville mourir de faim, c'est aussi faire une guerre d'extermination.

Dans le Moyen-Âge on avait recours quelquefois à l'empoisonnement des sources, à l'introduction dans la place assiégée de maladies épidémiques ou de matières infectes, comme des corps corrompus d'animaux, afin d'empester l'air et de forcer ainsi les assiégés à se rendre[8]). Heureusement, que des pratiques de cette espèce sont tellement impossibles de nos jours, qu'il est même inutile à la science d'en prouver l'iniquité. Pourtant, les publicistes admettent encore le droit de rendre les sources imbuvables, sans toutefois les empoisonner. Dans les limites que nous venons d'indiquer au droit d'affamer une place assiégée, ce moyen peut également être envisagé comme non contraire au droit des gens.

Le pillage, le viol et autres pratiques barbares usitées autrefois à la suite de la prise d'assaut d'une place, sont d'une immoralité trop évidente pour qu'il soit utile de s'y arrêter. Il devrait en être de même de tous les moyens de terreur employés dans les guerres. Si l'on n'a plus recours à la menace de passer au fil de l'épée tous les habitants ou même seulement la garnison de la place qui se défend, on a vu dernièrement encore menacer d'incendie, et incendier réellement, des lieux dans lesquels on avait commis un crime contre l'envahisseur ou un acte que celui-ci considérait comme tel[9]). Il suffira, nous le croyons, de rappeler au lecteur ce que nous avons dit des représailles et de la responsabilité de chacun limitée à ses propres actes et seulement devant un tribunal compétent, pour condamner complètement des pratiques qui en sont la contradiction.

Il est impossible d'admettre qu'il suffise d'être en état de guerre pour que des choses absurdes en tout temps deviennent

<hr>

8) **Cibrario**, Économie politique du Moyen-Âge, t. I, p. 198.

9) Rolin-Jacquemyns, La guerre actuelle, p. 32; Second essai, p. 29. Calvo, t. II, pp. 121 et 189.

par ce fait seul raisonnables. Or, on le ferait en avançant qu'en temps de guerre on a le droit de rendre quelqu'un responsable pour des actes commis involontairement, pas commis dutout ou commis en se basant sur le bon droit et même sur le devoir. Il est donc impossible d'établir:

1) qu'une commune tout entière soit responsable pour des actes hostiles contre l'envahisseur commis par son ressortissant de par la volonté de celui ci, que cela soit sur son territoire ou ailleurs;

2) que la commune dans les limites de laquelle un acte hostile contre l'envahisseur a été commis par un individu étranger à cette commune en soit responsable;

3) qu'une commune qui agit dans les intérêts de son État puisse pour ce fait être châtiée par l'envahisseur.

Nous avons suffisamment démontré dans la partie générale que, jusqu'au traité de paix, les sujets de l'État envahi, les personnes aussi bien physiques que juridiques, n'ont d'obligations qu'envers leur propre État et que l'envahisseur peut à leur égard user de contrainte, mais non les juger ou les châtier lui-même: nous croyons donc n'avoir plus besoin d'insister sur cette question.

N'étant pas sujet de l'envahisseur, il ne peut être question pour l'habitant de trahison envers lui; il est donc injuste de considérer comme traitre un habitant qui égare l'armée ennemie, ayant été forcé par elle de lui servir de guide. L'ennemi n'avait aucun droit de le contraindre à cet acte directement hostile à ses compatriotes et n'aura, en cas qu'il les égare, aucun droit de l'en rendre responsable. Il en serait autrement si un habitant venait proposer ses services ou consentait librement, pour une gratification ou sans elle, de montrer le chemin à l'ennemi. Dans ce cas il serait traitre envers les siens, mais obligé envers l'envahisseur de remplir son engagement, la bonne foi devant être gardée envers l'ennemi: s'il l'égare, celui-ci a droit de le livrer au tribunal compétent de juger ce cas, et qui ne pourrait être, selon nous, qu'un tribunal international. Les mêmes principes s'appliquent à l'habitant que l'envahisseur emploierait comme messager.

Mais quels sont les droits de l'envahisseur envers un messager ennemi pris par lui? Celui-ci, qu'il soit soldat ennemi ou un simple particulier du pays, envahi ou non, puisqu'il sert dans ce cas loyalement et légalement l'État dont il est sujet, ne peut être traité que comme un belligérant légitime et s'il se trouve que son message soit de nature à nuire à l'envahisseur, celui-ci a droit de le faire prisonnier de guerre. Il en est de même des messagers expédiés en ballon et pris par l'ennemi [10]) et même des espions, puisque tous les États se servent d'eux et les considèrent comme un stratagème qu'il est licite d'employer. Il serait malaisé de dire qu'un belligérant ait le droit de traiter de crime une pratique à laquelle lui-même a recours. Il faut donc admettre que l'espion qui tâche de se procurer des renseignements pour les transmettre aux siens doit être traité en belligérant légitime, si pour les obtenir il n'a pas commis de crime ou n'a pas eu recours à la perfidie. Dans ce dernier cas, il est justiciable du tribunal compétent. L'officier ou le soldat ennemi qui, ouvertement et en uniforme, fait des reconnaissances, est respecté même par la pratique de la guerre, mais elle condamne à la peine de mort tout espion travesti [11]). Nous ne voyons cependant pas pourquoi le travestissement, une fois que l'acte d'espionnage lui-même est licite, ne serait pas admissible, comme étant le plus sûr moyen d'arriver au but proposé, sans qu'il y ait en lui rien de criminel. On donne toujours pour raison de l'exécution des espions le grand danger qui résulte de leurs pratiques pour celui contre qui ils agissent; mais ce n'est pas une raison suffisante pour autoriser l'exécution d'un homme qui n'a fait que remplir son devoir. Pour paralyser les conséquences de l'espionnage, il suffit de faire prisonnier de guerre l'espion et arrêter

---

10) Calvo, § 857. Phillimore, t. III, § 97. Bluntschli, § 632a. Rolin-Jaequemyns, La guerre actuelle, p. 37.

11) Instruction américaine, art. 83.

ses messages; et l'exécution de l'espion ne serait qu'une mesure de terreur, que le droit des gens ne peut accepter.

Puisque les questions concernant les hostilités sont seules de la compétence du droit de la guerre, il n'y a aucune raison qui puisse en autoriser l'exercice contre un espion qui n'a agi que dans des intérêts privés, tout à fait étrangers aux opérations de la guerre.

Quant aux maraudeurs non autorisés, aux pillards, aux assassins, à tous les malfaiteurs qui profitent de l'état de guerre pour commettre des crimes dirigés soit contre l'armée ennemie, soit contre la population du territoire, théâtre de la guerre, ils doivent être tous livrés aux tribunaux dont ils relèvent et chacun d'eux doit répondre individuellement des actes qu'il a commis. Il va sans dire qu'il ne peut y avoir pour eux d'excuse dans le fait que leur gouvernement les a encouragés à commettre ces actes, aucun gouvernement n'ayant le droit de donner des ordres immoraux et contraires au droit naturel et aucun sujet n'ayant le devoir d'obéir à de pareils ordres.

Il ne nous reste pas beaucoup à ajouter à ce qui a été dit sur les prisonniers de guerre. Nous avons vu que chaque combattant légitime, soit en pays envahi, soit en pays occupé, peut être fait prisonnier de guerre et qu'il en est de même de chaque sujet ennemi qui met par des mesures légitimes des entraves à la réalisation du but de l'envahisseur. La condition de prisonnier de guerre ne change en rien le caractère national de l'individu pris; seulement, s'il est interné dans le pays ennemi, il doit obéissance aux lois de ce pays et il est justiciable de ses tribunaux, comme tout étranger domicilié [12]).

L'État ennemi ne peut contraindre le prisonnier de guerre à aucun acte hostile dirigé contre son propre État, puisqu'il en reste toujours le sujet: il n'est donc pas permis d'enrôler les prisonniers dans son armée, de les forcer à travailler dans les tranchées qu'on construit contre les siens et ainsi de suite. Mais quoiqu' on soit obligé de les entretenir, aussi bien que dans

12) Heffter, § 129. Fiore, t. II, p. 296.

les circonstances données il est possible de le faire, il n'y a rien de contraire au droit et à l'humanité de les employer, chacun selon son état et sa condition, à des travaux de la. paix, avec une rétribution bien entendu [13]).

Nous avons déjà eu occasion de démontrer tout ce qu'il y a d'inique dans l'opinion que l'on peut, en dehors du combat, priver le prisonnier de la vie; que le prisonnier, par ce fait même étant privé de son droit naturel, ne commet en se libérant aucun crime et ne peut par conséquent être rendu responsable d'une tentative d'évasion [14]); il nous reste seulement à ajouter que le prisonnier ne peut être victime d'aucun mauvais traitement, et le besoin impérieux de la surveillance peut seul justifier son emprisonnement [15]).

Dans l'armée en campagne, il y a toujours une foule de personnes qui, sans être combattants, sont destinées à rendre des services à l'armée. Tels sont, entre autres, les chapelains, les médecins, les cuisiniers, les artisáns, etc. Celles de ces personnes qui sont destinées au traitement et aux soins apportés aux blessés, de même que les personnes qui volontairement se mettent à la disposition du même service, sont reconnues comme neutres et inviolables par la convention de Genève de 1864. Les parties combattantes sont tenues à user de toutes les précautions afin qu'ils souffrent le moins possible de la lutte, de même qu'elles doivent épargner, autant que cela dépend d'elles, toutes les maisons et tout le matériel destinés aux blessés.

Mais envers les non-combattants au service de l'armée ennemie elle-même, quelle doit être l'attitude de l'adversaire? Ceux-ci ne rendent à l'armée que les services dont tout homme a besoin aussi bien en temps de paix qu'en temps

13) Heffter, § 129. Calvo, § 862.

14) Un habitant du pays occupé, en aidant l'évasion d'un prisonnier de guerre, ne commet pas de crime, mais bien un acte d'hostilité envers l'envahisseur. Celui-ci a donc le droit de le traiter en belligérant désarmé.

15) Pinheiro Ferreira, Principes du droit public, 26e entretien, et note au liv. III, § 152 de Vattel.

de guerre; ils ne commettent contre l'ennemi aucun acte d'hostilité directe. Il est juste donc de réclamer pour eux la neutralité,
en ce sens que s'ils sont saisis, il n'y a pas lieu de les faire
prisonniers, mais on doit les laisser en liberté.

Une difficulté se présente néanmoins pour les musiciens
militaires. Nous croyons qu'il faut distinguer entre les bandes
de musiciens qui servent plutôt à l'agrément de l'armée, à lui
soulager les fatigues de la marche et les ennuis du campement,
et les tambours et clairons qui, étant armés, sont là pour donner
les signaux du combat. Ils prennent une part directe à la lutte.
Les premiers donc devraient rester neutres, tandis que les seconds
devraient être traités de belligérants.

Il y a encore une question délicate se rapportant aux clairons et aux tambours: il y en a entre eux qui sont des enfants
et à certaines époques ils ont fait un service actif à la guerre.
Il nous semble qu'il incomberait au droit public et privé de
défendre que l'enfance soit exposée aux dangers et aux émo-
tions de la vie des camps et aux batailles, mais s'ils sont employés dans la pratique comme belligérants, il faut bien que le
droit des gens admette qu'on les traite comme tels. Sur ce point
la réforme doit venir d'ailleurs.

L'usage de faire des prisonniers de guerre est conforme au
but de la guerre chez les peuples civilisés et il est désirable
qu'il remplace dans une foule de cas dont il a été question
l'acte inique d'exécuter des combattants moralement légitimes et
loyaux; mais prendre des otages est injuste, inutile et digne
d'être abandonné dans la pratique moderne. ,,Prendre des
otages, dit Pinheiro Ferreira, est à la fois une mesure injuste
et inutile: injuste, puisque aucun homme et aucun peuple n'a
le droit d'exiger d'un autre homme qu'il se livre à l'ennemi
comme le bouc émissaire pour apaiser et arrêter sa colère:
inutile, car comment peut-on, sans la plus révoltante barbarie,
les rendre responsables de la mauvaise foi de ceux qui les ont
offerts en holocauste?'' [16]) Déjà Hugo Grotius, sur bien des

---

16) Note au liv. II, § 245 de Vattel.

points beaucoup plus éclairé que la plupart de ses successeurs, a prouvé qu'il est inique d'infliger la mort à un otage [17]), et aujourd'hui on a acquis la conviction que les otages ne peuvent être traités que comme prisonniers de guerre [18]), ne peuvent donc être victimes d'aucun mauvais traitement. Il s'en suit que prendre des otages est tout à fait superflu, car ce n'est utile que s'ils sont exposés à certains dangers. Cela est tellement vrai, que dans la dernière guerre qui a désolé l'Europe, l'un des belligérants ayant commis la faute de recourir à cette forme généralement abandonnée de garanties, a été entraîné à commettre de véritables crimes contre le droit naturel et des gens afin d'en tirer un certain profit [19]).

Une fois qu'une place ou un territoire d'un des États belligérants tombe pendant la guerre au pouvoir de l'autre, que les forces armées régulières du chef légitime de l'État en sont expulsées et que la population livrée à l'ennemi ne lui oppose pas de résistance, il y a ce qu'on appelle généralement o c c u -p a t i o n militaire. Tant que dure la guerre, le fait de l'occupation ne donne pas à l'ennemi de droit souverain sur ce territoire, pas plus que s'il l'a simplement envahi en présence même de l'armée de son adversaire. Le territoire où l'armée ennemie se trouve aura toujours à entretenir certains rapports avec elle; mais qu'elle y stationne quelques heures, une journée, comme cela arrive pendant une simple invasion passagère, ou qu'elle s'y établisse pour des semaines, des mois, comme dans l'occupation, elle n'a tout de même pas le droit d'y exercer plus d'autorité qu'il n'en faut pour paralyser les moyens de résistance de son adversaire. Lors de l'occupation, elle usera plus largement de ce droit, l'appliquera à tout l'ensemble de la vie

---

17) Lib III, cap. XI, § 18.

18) Vattel, liv. II, § 247. Calvo, § 869.

19) Voir sur les magistrats et autres notables mis sur des locomotives, pour les rendre victimes des dégâts qu'on pourrait commettre sur les voies ferrées, Rolin-Jaequemyns, La guerre actuelle, p. 32, et Second essai, p. 38. Bluntschli, Das moderne Völkerrecht, 2e Aufl., § 600. Calvo, § 870.

publique de la localité, tandis que la brièveté du temps qu'elle passe dans le pays lors d'une simple invasion ne lui permettra d'en profiter que d'une façon incomplète; mais dans un cas comme dans l'autre elle agira toujours par le droit et dans les limites de l'extrême nécessité et jamais comme possesseur ou souverain temporaire de la ville ou de la contrée.

Nous établissons donc comme règle que du moment que l'armée ennemie est entrée sur le territoire de l'État auquel elle fait la guerre, elle peut dans la localité où elle se trouve exercer tous les droits que lui donne l'extrême nécessité, en tant que cela ne lèse pas les préceptes de l'humanité, de la morale et du droit.

Ce n'est que par le traité de paix que l'occupation peut se transformer en conquête, avec les droits souverains pour le conquérant. Pendant tout le temps de la guerre, l'occupant ne peut anticiper le traité de paix, en prévision de la conquête, et agir avec les habitants de la contrée, comme avec ses propres sujets [20]). Légitimement, on ne peut exercer la souveraineté sans la posséder.

L'occupant n'a donc dans le territoire occupé que le droit de paralyser tout le côté public de la vie nationale en tant qu'elle contribue à lui servir d'entrave pour la réalisation de son but légitime dans la guerre, et même dans l'exercice de ce droit il doit avoir tous les ménagements pour la liberté du citoyen, qui en même temps est homme privé. L'occupant ne peut, avant que la conquête soit reconnue, user d'aucun des attributs de la souveraineté. C'est en nous basant sur ces deux principes, posés dans la partie générale, que nous allons exposer les droits de l'occupant envers les organes de l'État qu'il trouve établis sur le territoire occupé, envers la population et la propriété publique et privée.

Dans tous les rapports de l'envahisseur ou de l'occupant avec les organes de l'État envahi et avec la population, il ne faut pas perdre de vue que ces rapports n'ont rien de stable et ne peuvent

---

20) Rolin-Jaequemyns, Second essai, p. 33.

exister que tant que dure effectivement l'occupation[21]). L'ennemi ne peut donc prendre des mesures qui produiraient des effets permanénts et durables, comme l'aliénation d'un bien, un acte fait à terme et ainsi de suite. Tout doit être provisoire et surgir de la nécessité du moment.

Dans la limite de ces règles, l'occupant **a** le droit de suspendre l'activité de tous les organes de l'État, destinés à augmenter la force de résistance de son adversaire. Il peut par conséquent suspendre tous les organes de l'État qui ont un caractère général, ceux dont le but est d'augmenter ses ressources militaires, que cela soit directement par la levée de troupes, ou indirectement par la levée d'impôts généraux, dont la majeure partie en temps de guerre est consacrée à la défense[22]). Mais ayant seulement le droit de suspendre ces fonctions, l'occupant ne peut les employer à son profit: c'est ainsi que les impôts généraux ne peuvent être que séquestrés jusqu'à la paix, ou du moins l'occupant devrait être responsable de leur emploi et en rendre compte lors du rétablissement de l'état de paix; de même le recrutement suspendu, ne peut jamais être exercé au profit de l'occuppant, celui-ci n'ayant pas de prérogatives souveraines et les habitants continuant à devoir obéissance à leur propre État. Les voies de communication, les postes, les télégraphes étant indispensables pour les opérations militaires de l'envahisseur, il a le droit d'en user et, pour pouvoir en user d'une façon efficace, n'y conserver que les employés qui agiraient dans ses intérêts. Ayant un droit de surveillance dans le pays occupé, il a naturellement le droit d'y instituer une police à lui, qui, ayant un but à part, ne peut cependant remplacer la police locale, qui a sa propre sphère d'activité. N'étant en possession d'aucune des prérogatives de la souveraineté, l'occupant n'a pas le droit de changer la constitution du pays, les lois

---

21) Calvo, § 873.

22) Il va sans dire que la partie de ces impôts consacrée aux dépenses indispensables du gouvernement de la contrée ne peut être séquestrée par l'envahisseur. Comparez Bluntschli, § 647.

civiles et criminelles, ni de faire rendre la justice en son nom,
ni de partager le pays en circonscriptions administratives et
judiciaires, ni de lever des impôts[23]). L'état existant des choses
ne devant être modifié que juste autant que la stricte nécessité
l'exige, l'occupant n'a, aussi longtemps que les habitants ne lui
résistent pas, aucun droit de suspendre tout ce qui est du
ressort du self-government de la localité ou des organes du
gouvernement central dont l'activité est circonscrite dans les
intérêts locaux du pays occupé; ni, comme il a été déjà dit,
de toucher à l'impôt destiné aux besoins de ces intérêts locaux[24]).

Bref, l'occupant a droit d'introduire dans le pays occupé
un gouvernement militaire à lui qui, en laissant subsister tous
les organes réguliers de l'État existant avant lui et destinés à
la vie intérieure de la localité, est là cependant pour protéger
ses propres intérêts militaires et veiller à ce que cette administration nationale n'agisse réellement que dans les intérêts locaux.
Si l'occupant constatait au contraire que le maire ou d'autres
organes du gouvernement local agissent dans les intérêts militaires de leur État, il aurait sans doute le droit de les éloigner
de leurs fonctions, mais non de les juger ou de les châtier, vu
que ces fonctionnaires n'étant pas ses sujets sont dans leur droit
en agissant de la sorte. Dans tous les cas l'occupant n'a aucun
droit d'exiger un serment de fidélité de l'employé de l'État ennemi
qu'il trouve sur le territoire envahi, comme le voudrait l'Instruction américaine, art. 26, oubliant que le souverain
seul a ce droit vis-à-vis de son sujet et puisque l'employé ne
l'est pas de l'envahisseur, il ne peut être contraint, pas plus
que tout autre habitant, à des actes hostiles contre son gouvernement et son pays. L'envahisseur n'est donc pas dans son
droit en exigeant du maire par exemple qu'il lui dénonce la

---

23) Voir les décisions de la cour de cassation de France du 22 jan-
vier 1818 et de l'avocat général des État-Unis (celle-ci citée par Calvo,
§ 879), ainsi que la délibération de la cour d'appel de Nancy du 8 septembre 1870.

24) Pinheiro Ferreira, Cours du droit public, t. II, p. 93.
Bluntschli, § 647.

présence d'un franc-tireur dans sa commune. Ce serait le forcer à devenir traître à sa patrie, ce qui serait un acte aussi contraire à la morale qu'au droit naturel[25]. Tant que le fonctionnaire ennemi conserve une attitude passive pour tout ce qui regarde les opérations militaires, l'occupant est obligé de le respecter, et ce n'est que dans le cas contraire qu'il a le droit non de le châtier, mais de l'éloigner de ses fonctions ou même de le faire prisonnier de guerre[26]. Le fonctionnaire national du pays occupé ne peut cependant observer une attitude passive que quant aux opérations militaires proprement dites et quant aux intérêts de l'occupant. Il n'est pas le représentant de ceux-ci, mais bien des intérêts des habitants et comme tel il aura à entretenir des rapports continuels avec l'occupant. Il est en général désirable, vu l'incompétence légale de l'envahisseur à agir directement sur les habitants d'une contrée en dehors des limites de sa souveraineté, que les chefs de l'armée ennemie posent toutes leurs exigences et en reçoivent la satisfaction par l'intermédiaire des autorités locales. Non que l'ennemi ait des droits de souveraineté sur ces autorités, mais comme elles sont les organes de l'État auquel il fait la guerre, c'est à ellesde se soumettre à ses ordres quand elles ne peuvent résister. Puis il y a aussi un avantage tout pratique à agir de la sorte. En ce qui regarde les réquisitions, par exemple, il serait impossible à l'envahisseur lui-même de veiller à leur répartition équitable entre les habitants; les contributions pécuniaires étant illégales, il devrait souvent prendre en nature à un habitant plus qu'il ne prendrait à un autre, tandis que les autorités nationales peuvent recourir à un impôt extraordinaire proportionné aux réclamations de l'ennemi et lui fournir les objets exigés en les achetant du produit de l'impôt. Les comptes d'indemnité aux habitants seraient réglés à la fin des hostilités.

---

25) Rolin-Jacquemyns, Second essai, p. 29.

26) Heffter, § 126, dit aussi: „Les individus chargés du maintien de la sûreté et de l'ordre intérieurs jouissent de la protection des lois de la guerre. Ils ne peuvent être soumis à un traitement violent que lorsqu'ils ont commis des actes d'hostilités“. Voir aussi Calvo, § 911.

L'administration régulière de la justice, étant absolument en dehors des hostilités, doit continuer à exister sans interruption pendant toute la durée de.l'occupation, sans que l'occupant puisse y mettre aucune entrave. La justice doit être rendue d'après les lois de l'État et au nom du souverain qui dans le moment donné est le représentant de la souveraineté nationale[27]). Tous les crimes ordinaires continuent à être de sa compétence. Mais en temps de guerre, il peut arriver des cas de crimes et de délits de nature internationale : le tribunal ordinaire n'est pas compétent à les juger et les tribunaux militaires de l'État ne peuvent non plus y fonctionner, l'autorité militaire du pays ne s'y trouvant plus. Ces crimes ne pourraient être que de la compétence du tribunal international, dont nous avons parlé, et c'est une des plus grandes imperfections de la pratique de la guerre, que la justice militaire de l'État vaincu soit remplacée, non par un tribunal international, mais par la justice militaire de l'occupant, qui juge ainsi des personnes qui ne sont ni ses sujets, ni des habitants d'un territoire dont il est le souverain. Il en est néanmoins ainsi dans la pratique existante, et cet abus n'est pas le seul, mais au contraire il faut, au nom du droit naturel, condamner vivement une autre règle qui est quelquefois mise à exécution : celle notamment que les conseils de guerre ne peuvent appliquer que la peine de mort. Sous ce rapport la pratique américaine est bien supérieure à celle de l'Europe[28]).

Mais si les magistrats et les fonctionnaires publics suspendent de leur propre gré l'exercice de leurs fonctions, que reste-t-il à faire à l'occupant? Il faudrait que celui-ci laissât aux habitants la faculté de les remplacer par d'autres de leur choix et si les habitants se refusaient, il n'y aurait qu'à les laisser

---

27) Voir les délibérations de la cour d'appel de Nancy du 8 septembre 1870 et du tribunal civil de Laon du 15 octobre 1870.

28) Comparez l'art. 12 de l'Instruction américaine avec la proclamation des commandants en chef des armées allemandes en 1870, chez Rolin-Jaequemyns, La guerre actuelle, p. 28 et suiv. Aussi Second essai, p. 30.

en subir les conséquences. Naturellement, l'occupant lui-même ne sera pas obligé d'en supporter les inconvénients : au lieu de communiquer avec les habitants par l'intermédiaire de leur administration, il sera obligé d'agir directement sur eux ; les crimes qu'il a intérêt à faire réprimer, il pourra les faire juger par le tribunal de guerre, qui à défaut du tribunal international est le sien propre. C'est l'impérieuse nécessité qui autorisera ces actes, qui en d'autres circonstances seraient contraires au droit des gens naturel.

Cela s'entend de soi-même que l'occupant, n'ayant pas d'autorité souveraine sur l'administration et la justice locales, ne peut par conséquent en changer ni le fond ni la forme, ni remplacer la langue du pays par la sienne. Il en est de même en ce qui regarde les habitants du pays occupé : leur langue, leurs coutumes et leur religion doivent être respectées[29].

Nous avons suffisamment distingué dans la partie générale, au point de vue de la théorie, ce qui dans la personne de l'habitant est compris dans les hostilités et ce qui est en dehors d'elles ; nous n'avons plus à y revenir. Mais il nous faut examiner ici d'après ces principes quelques questions pratiques, qui ne manquent pas d'importance.

Pour n'être pas traité en belligérant, un habitant doit conserver une attitude passive vis-à-vis de l'occupant pour tout ce qui regarde les opérations militaires. Il doit s'abstenir de donner toute aide à l'armée nationale ou à la partie de son État qui fait la guerre, de communiquer avec les siens en leur donnant des renseignements sur les forces de l'ennemi et ainsi de suite. Mais il n'a aucune obligation de servir les intérêts de l'occupant et de trahir les siens. D'un autre côté, l'habitant ne peut se refuser à rendre certains services d'un caractère non militaire à l'occupant, par exemple lui louer des logements et des véhicules, lui vendre des vivres. Strictement parlant, c'est bien là une atteinte apportée aux droits privés de l'habitant, mais ces exigences sont un droit de l'envahisseur qui découle

---

29) Bluntschli, § 577.

de l'extrême nécessité et auquel chaque créature humaine peut prétendre [30]).

Il y a des cas où il est de l'intérêt de l'habitant de rendre des services même p e r s o n n e l s à l'armée ennemie. Étant obligé à lui fournir les logements et les véhicules, c'est en effet dans son intérêt d'aménager lui-même le logis, y servir, et conduire lui-même sa voiture et ses chevaux [31]). Mais il est clair aussi, que si l'habitant préfère s'abstenir de ces services personnels, il n'y a aucun droit de l'y contraindre.

Mais si les forces armées de l'État envahi détruisent des routes, des chemins de fer, des ponts, des canaux, des télégraphes, dont l'occupant a besoin, a-t-il le droit de réquisitionner des habitants pour leur réparation? D'aucune façon. C'était un acte d'hostilité légitime commis par l'armée de l'un des belligérants et les habitants n'en sont nullement responsables. Mais si les dégats ont été l'œuvre de la population elle-même, la question se modifie: s'ils ne veulent pas être traités en belligérants, ils doivent réparer les routes ou les télégraphes endommagés; et dans le cas contraire il dépendra encore des circonstances, dans lesquelles les dégats ont été commis pour que leurs auteurs soient traités en belligérants légitimes ou livrés comme criminels aux tribunaux compétents.

---

30) Remarquons ici que pour l'habitant entretenir des rapports de cette nature avec l'ennemi, n'est nullement commettre un acte de trahison envers sa propre patrie. C'est le résultat inévitable des circonstances au milieu desquelles il vit. Aussi les autorités locales ne peuvent l'en empêcher, et quand l'endroit par où l'ennemi a passé revient au pouvoir de l'armée nationale, celle-ci ne peut sévir contre les personnes accusées d'actes de cette nature.

31) Rolin-Jaequemyns, S e c o n d essai, p. 50.

32) Calvo, §§ 905 et 906. — Il est presqu'inutile de rappeler que l'ennemi n'a aucun droit de maltraiter les habitants, de les battre, de les mutiler; si des actes pareils arrivent dans les guerres, nous doutons que ceux qui les commettent agissent avec la conscience de bien faire et qu'ils soient disposés à avouer de semblables procédés.

Il est inutile de répéter ici que l'occupant n'a aucun droit à réquisitionner des ouvriers pour des travaux ou des constructions militaires ; tout au contraire, en le faisant, il violerait tous les préceptes du droit des gens naturel et même des usages aujourd'hui en vigueur.

Une question d'un intérêt tout particulier ne doit pas être omise, c'est celle de savoir quels sont les devoirs de l'occupant vis-à-vis des esclaves ou des serfs qu'il trouve sur le territoire occupé et qui y existent d'accord avec la constitution du pays ? On a dit que de par le droit naturel l'envahisseur pouvait proclamer leur liberté et que leur condition d'esclave ou de serf n'était plus susceptible de postliminie[33]). Nous ne croyons pas que l'ennemi ait ce droit. Pour ce qui le concerne lui-même, n'étant nullement soumis à la constitution et aux lois du pays envahi, et ne devant les respecter qu'en tant qu'elles sont pratiquées par les habitants et l'administration locale, l'occupant peut ne pas traiter dans ses propres rapports avec eux les esclaves ou les serfs comme tels. La loi naturelle doit être pour ses propres actes au-dessus de la loi locale. Mais tant qu'il n'a pas de pouvoir souverain qui puisse transformer légalement l'ordre existant des choses, il ne peut empêcher que les rapports établis dans le pays continuent à fonctionner pendant son occupation comme ils l'ont fait avant lui et, par conséquent, aussi les rapports des seigneurs avec leurs esclaves ou leurs serfs.

Pour ce qui concerne les rapports entre le territoire occupé et les autres parties de l'État ennemi, il faut admettre que l'habitant désireux de sortir des limites de l'occupation étrangère doit pour pouvoir le faire en obtenir l'autorisation des autorités militaires de l'ennemi, puisqu'en vue des opérations de la guerre l'occupant a le droit de l'en empêcher. Mais en cela aussi il ne faut user d'aucune vexation inutile et bien distinguer entre les habitants aptes à porter les armes et ceux

---

33) Instruction américaine, art. 43. Voir aussi Calvo, § 883, dont l'opinion se rapproche plus de la nôtre.

qui ne le sont pas, comme les femmes, les enfants, les vieil-
lards, les infirmes, les ecclésiastiques des confessions qui n'autorisent pas le clergé à combattre. Sauf le cas, où l'on crain-
drait que les personnes qui quittent le territoire ne donnent à
l'ennemi des renseignements qu'il serait dans l'intérêt de l'occupant de ne pas laisser divulguer, il n'y aurait en effet aucun
inconvénient de permettre à ces derniers de quitter librement
le pays occupé. Naturellement, pour éviter des confusions, il
faudrait munir ces personnes de passeports ou de saufs-con-
duits. Mais l'occupant ne peut les châtier s'ils tentent de se
soustraire à la force qu'il emploie pour les retenir ou s'ils y
parviennent, pas plus que s'il s'agissait de prisonniers de guerre.
Si un habitant parvenait même à rejoindre son armée, il ne
resterait aux autorités ennemies qu'à recourir dans l'avenir à
des mesures de surveillance plus efficaces; mais le fait étant
accompli, l'occupant ne peut ni confisquer les biens de l'habitant évadé, ni soumettre à aucune pénalité les siens, ni lui-
même, en cas qu'il s'en rende maître de nouveau. Nous savons
déjà que ces principes s'appliquent absolument de même au
pays occupé sans intention de le garder, ou à celui qu'on
compte conquérir définitivement.

Sur les étrangers dans le pays envahi, il y a plusieurs
questions à étudier. Voyons d'abord ce qui concerne le corps
diplomatique. Il est d'usage que celui-ci suive le gouvernement
central du pays auprès duquel il est accrédité. Si ce dernier
n'existe plus ou que l'ambassadeur accrédité auprès de lui se
trouve dans la place occupée par l'ennemi et qu'il soit par conséquent séparé de ce gouvernement, ses fonctions cessent et avec
elles disparaît son caractère diplomatique, si le gouvernement
de l'occupant ne le reconnaît comme continuant ses fonctions
auprès de lui [34]).

Les consuls ayant une sphère d'activité d'un caractère tout
privé, ne doivent pas rencontrer d'obstacles à exercer leurs
fonctions pendant l'occupation; mais n'ayant pas de caractère

---

[34]) Instruction américaine, art. 9. Bluntschli, § 555.

diplomatique, ces agents étrangers retombent pour tout le reste dans la catégorie des étrangers domiciliés [35]).

Ceux-ci, qu'ils soient des sujets neutres ou des sujets de l'État qui envahit le pays où ils sont domiciliés, doivent y observer une stricte neutralité. Les sujets de l'envahisseur, ayant des obligations envers les deux belligérants, y sont surtout tenus, tandis que les sujets neutres, s'ils agissent de commun avec la population du pays qu'ils habitent, doivent être assimilés à ceux-ci par l'occupant, n'étant responsables de leur conduite qu'envers leur propre État, et cela pour tout ce qui concerne leur personne. Quant à leur propriété, il va sans dire que toute la propriété immeuble d'un État se trouve sous la juridiction exclusive de ce dérnier et que par conséquent toute la propriété immeuble des étrangers dans le pays envahi se régit par les mêmes principes que la propriété privée en général.

Pour les biens meubles des étrangers, ils sont comme tout bien privé en dehors des hostilités, et ce n'est que pour les publicistes qui reconnaissent à l'envahisseur le droit de saisie sur toute la propriété ennemie, qu'il importe de savoir si les biens des neutres et des étrangers domiciliés y font exception. Vattel est pour l'affirmative; on peut seulement, d'après lui, prendre dés mesures pour qu'ils ne tombent pas au profit de l'autre belligérant [36]).

Si pour les opérations de la guerre l'un des partis se voit obligé d'anéantir un bien neutre, de se l'approprier ou d'en user, comme par exemple d'un vaisseau, il est dans tous les cas tenu de payer la valeur du bâtiment ou l'équivalent du service rendu [37]).

Dans le chapitre précédent nous nous sommes assez étendus sur la propriété en pays occupé, il nous reste donc peu de chose à ajouter; il faut cependant revenir sur l'unique forme de la lésion directe de la propriété privée admise dans la guerre,

---

35) Instruction américaine, art. 8.
36) Le droit des gens, liv. III, §§ 75 et 76.
37) Calvo, § 908.

celle de la réquisition en nature, et en préciser les limites. Nous avons dit que l'envahisseur n'a droit qu'à réquisitionner les objets indispensables pour la subsistance de l'armée. Par objets indispensables on peut bien entendre tous les vivres, les vêtements, les logements, les véhicules nécessaires, mais il serait difficile d'y joindre également les objets de luxe, comme des vins fins, du chocolat, des cigares et ainsi de suite. Par réquisition on ne peut pas entendre la pure et simple saisie des objets nécessaires; non, il faut pour qu'elle soit justifiable devant le droit des gens:

1) qu'elle soit réquisitionnée par des autorités compétentes de l'armée ennemie à des autorités locales, si elles existent;

2) que les objets pris soient payés ou qu'on en donne reçu.

Ce n'est que dans les cas d'extrême nécessité, qui pourraient difficilement arriver dans les guerres européennes modernes, qu'il serait licite de prendre des réquisitions sans payement.

Pour le prix des objets réquisitionnés, il serait désirable qu'il fût fixé par les autorités locales de concert avec les chefs de l'armée d'occupation; il pourrait en être de même pour la fixation du change entre la monnaie de l'État occupant et celle du pays occupé. La pratique des guerres récentes a attribué cependant ce dernier droit à l'occupant seul[38]).

Les contributions en argent, en objets d'art, etc. sont, comme nous le savons, contraires au droit des gens. Il y a cependant un cas où elles pourraient se justifier: notamment comme garantie librement stipulée pour un engagement librement fait entre l'occupant et les habitants d'une localité. Naturellement, la somme remise à l'occupant ne deviendrait sa propriété que dans le cas où l'autre partie contractante violerait son engagement. Mais exiger une contribution comme garantie de réquisitions que l'occupant demande ou aura à demander, sera une violation du droit privé de la population. L'occupant a le droit cependant de saisir de force les objets dont il a besoin et qu'on se refuse à lui fournir. Cela ne le dispense cependant

---

38) Rolin-Jaequemyns, La guerre actuelle, p. 46.

pas de l'indemnité aux propriétaires. N'ayant aucun droit de châtier les habitants, l'occupant ne peut user contre eux de violence que juste autant que la stricte nécessité l'exige.

Les biens incorporels ne se régissent pas en pays occupé par d'autres principes que les biens corporels. En effet, le droit de propriété sur une créance est tout aussi rigoureux que le droit de propriété sur un bien-fonds. Mais l'occuppant lui-même peut être débiteur de l'État auquel il fait la guerre ou même celui de quelques particuliers du territoire qu'il occupe. Aucune obligation de cette nature ne cesse par le fait de la guerre; Vattel l'avait déjà reconnu[39]). Les effets des obligations d'un État belligérant envers l'autre sont seuls suspendus tant que dure la guerre, tandis que ceux envers les sujets ennemis ne doivent subir aucune modification, les biens privés des sujets des États belligérants se trouvant en dehors des hostilités.

Pendant un armistice les rapports entre l'ennemi et les habitants restent les mêmes que ceux qui existaient pendant l'occupation; néanmoins les habitants pendant l'armistice ne peuvent sans perfidie se soulever contre l'occupant. Il en est de même des trêves générales, mais les habitants, comme les commandants militaires, ne sont tenus à s'y conformer qu'après en avoir eu connaissance[40]). Ils ont tout le droit de continuer les hostilités jusqu'au moment où ils prennent connaissance de la trêve. Une contrée séparée du reste de l'État et qui résiste à l'ennemi par une levée en masse, en apprenant officiellement que le pouvoir central et légitime de l'État a signé une trêve ou une paix, doit s'y soumettre, et ne le faisant pas elle se sépare de fait de l'État dont elle fait partie et peut être traitée de rebelle par celui-ci.

Dans le cas où ce n'est qu'une trêve et non une paix qui a été signée, ce territoire soulevé contre l'envahisseur doit être traité par ce dernier, pendant toute la durée de la suspension des armes, comme il traiterait un ennemi qui lui ferait une

---

39) Le droit des gens, liv. III, § 77.

40) Wheaton, Éléments, 4e partie, ch. II, § 21. Bluntschli, § 690.

guerre régulière. Les stipulations de la trêve générale détermineront si les habitants du territoire occupé ont pendant sa durée le droit d'entretenir librement des relations avec leurs concitoyens des territoires non occupés et dans quelle mesure ils ont ce droit [41]).

L'occupation peut cesser de différentes manières :

1) L'occupant peut être expulsé du territoire envahi, soit par les forces armées de ses adversaires, soit par la population elle-même. Nous croyons avoir bien établi dans la partie générale le droit de la population à se soulever contre l'occupant et suffisamment indiqué les cas dans lesquels ont peut user de ce droit et la menière dont on peut s'en servir, pour n'avoir plus à revenir ici sur toutes ces questions [42]).

2) L'occupation cesse aussi par la fin des hostilités. Nous avons dit qu'il est difficile de nos jours que la guerre se termine sans traité de paix, c'est donc par la mise à exécution des clauses stipulées que l'occupation trouve son terme. Il est d'usage de dire aujourd'hui que la paix une fois signée, les contributions ne peuvent plus être prélevées dans le pays envahi ou occupé [43]), mais puisque nous n'admettons pas les contributions et que nous réduisons le droit de prendre des réquisitions au strict nécessaire, il nous faut admettre que sous ce rapport le même droit subsiste tant que l'armée d'occupation reste dans le pays étranger. Quant aux autres droits de l'occupant, les causes de guerre n'étant plus là pour les rendre nécessaires, ils tombent d'eux-mêmes aussitôt que les hostilités sont terminées.

---

41) Instruction américaine, art. 141. Bluntschli, § 693.

42) Remarquons seulement que la manière actuelle de faire la guerre rend souvent la guerre nationale impossible ou inutile, et il faudrait une levée en masse générale et unanime pour venir à bout d'une grande armée ennemie, munie de toutes les ressources créées par l'art militaire contemporain. La science doit donc conseiller la plus grande circonspection à ceux qui auraient le droit de recourir à ce moyen extrême de défense. Il ne suffit pas d'avoir ce droit, il faut encore avoir la certitude qu'il ne sera pas funeste d'en user.

43) Heffter, § 180.

Avec la fin des hostilités, les pays occupés peuvent ou rentrer complètement, de par le droit de postliminie, dans l'état où ils se trouvaient avant la guerre, ou bien passer dans le domaine souverain du conquérant.

Leur sort après la fin des hostilités ne fait plus partie des matières que nous nous sommes proposés d'étudier dans le présent traité. Notre but d'ailleurs est pleinement atteint, si ce travail contribue quelque peu à ramener à leurs vrais principes les droits que l'envahisseur exerce envers les populations du territoire envahi et par là à diminuer sensiblement les maux que l'ennemi leur inflige aujourd'hui.

Quelques téméraires, quelques exigeantes que puissent paraître aujourd'hui bien des règles posées par nous, il ne faut cependant pas désespérer que le jour vienne où, si elles sont vraies, elles seront réalisées. Chaque âge nouveau réclame des réformes qui paraissent d'abord impraticables, que l'on traite d'utopies; mais quelques années passent et ce qui semblait irréalisable devient un fait accompli, accepté par tout le monde. C'est que l'humanité tout entière, comme chaque homme pris à part, a une conscience qui est pour. ainsi dire la voix de la divinité, la vérité elle-même. Cette conscience longtemps engourdie, obscurcie, rejette à certaines époques tout ce qui offusquait ses yeux et alors la vérité se fait jour avec une intensité, un éclat toujours croissant; elle finit par s'établir en maîtresse dans le monde. On dirait que la conscience enchaînée jusque-là par la foi dans les principes admis, rompant alors avec ces influences absolues, libre, rafraîchie, revient à la source de toute vérité. Dans le droit des gens, plus qu'ailleurs, c'est une lutte continuelle de la conscience avec l'ordre existant des choses, mais c'est aussi là, plus que partout ailleurs, que le triomphe de la vérité est imprévu, rapide, irrésistible.

L'Imprimerie de Fr. Andrae Successeur, Leipzig.

Errata.

Page 10, ligne 7 au lieu de : la bonne foi dûe, lisez : la bonne foi due.
Page 22, ligne 23 au lieu de : tont ce qui, lisez : tout ce qui.
Page 69, ligne 23 au lieu de : réciproques est une, lisez : réci-
    proques, est une.
Page 79, ligne 11 au lieu de : la donnerait, lisez : la donneraient.
Page 87, ligne 25 au lieu de : qu'il soît soumis, lisez : qu'il soit soumis.
Page 97, ligne 15 au lieu de : de d'éloquente, lisez : de l'élo-
    quente.
Page 121, ligne 12 au lieu de : la menière, lisez : la manière.

www.ingramcontent.com/pod-product-compliance
Lightning Source LLC
LaVergne TN
LVHW010304190726
843502LV00014B/1584